D1755669

Königsberg

Wolfgang Korall　　　Wolfgang Knape

KRAFT VERLAG WÜRZBURG

Schutzumschlag vorn:
Domruine.
Schutzumschlag hinten:
Luisenkirche.
Seite 1: Königsberger Schloß.
Seite 2: Die Judittenkirche wurde Ende des 13. Jh. erbaut.
Seite 5: Blick über den Pregel auf die Stadt.

Bildnachweis:
Farbabbildungen: Wolfgang Korall.

Schwarzweißaufnahmen:
Seite 1, 5, 21, 49: Verlagsarchiv.
Seite 8, 13, 16, 24 f., 33 f., 57, 60, 65: Bildarchiv Foto Marburg.
Seite 29, 40, 45: Bildarchiv Preußischer Kulturbesitz, Berlin.
Seite 41, 52, 68 f., 73, 76: J.-G.-Herder-Institut, Marburg.

Die Deutsche Bibliothek – CIP-Einheitsaufnahme

Königsberg / Fotos: Wolfgang Korall. Text: Wolfgang Knape. –
Würzburg : Kraft, 1994
ISBN 3-8083-2040-0
NE: Korall, Wolfgang; Knape, Wolfgang

Alle Rechte vorbehalten
© 1994 Kraft Verlag, Würzburg
Lektorat und Gestaltung: Petra Krügel, Würzburg
Printed in Germany
ISBN 3-8083-2040-0

INHALT

9 AUF DEN GLEISEN DER OSTBAHN

17 EINE BURG FÜR KÖNIG OTTOKAR

20 EIN WENIG HERALDIK

24 HAFENGESCHICHTEN

28 EIN »SCHICKLICHE(R) PLATZ ZUR ERWEITERUNG DER MENSCHENKENNTNIS« *(I. Kant)*

37 DAS HEUTIGE KÖNIGSBERG UND SEINE UMGEBUNG

44 HISTORISCHE STREIFZÜGE DURCH KÖNIGSBERG

72 DIE GESCHICHTE KÖNIGSBERGS IM ÜBERBLICK

80 LITERATURHINWEISE UND QUELLENVERZEICHNIS

Schloß am Kaiser-Wilhelm-Platz.
Seite 6/7: Pregel mit Domruine (rechts).
Seite 10/11: Roßgärter Tor.

AUF DEN GLEISEN DER OSTBAHN

Unser Zug hat den polnischen Grenzort Braunsberg/Braniéwo verlassen. Wenig später fahren wir an geharkten Grenzstreifen vorüber. Hinter uns schließt ein russischer Soldat das Tor über den Schienen und glättet von neuem mit Sorgfalt den Sand.

Junger Wald dehnt sich zu beiden Seiten der Strecke. Wir vermuten Sicherungsanlagen und Hundeverstecke darinnen und ahnen die Anwesenheit wachsamer Posten. Die gut gesicherte Trennlinie zwischen den einstigen Brüdern ruft deutsch-deutsche Grenzerfahrungen ins Gedächtnis. Fast vergessene schon, doch noch immer nicht so weit zurückliegend, als daß man die Gründe für die Zerrissenheit im östlichen Europa nicht mehr nachvollziehen und diese Reise auf den Schienen der alten Ostbahn in das noch vor kurzem hermetisch abgeriegelte Kaliningrader-Königsberger Gebiet als etwas Besonderes begreifen könnte ...

Ein untersetzter Offizier betritt das Abteil: Blond und mit kräftigem Schnauzbart; eine Bilderbucherscheinung mit beachtlicher Deckelmütze auf dem Kopf, die jedoch so weit ins Genick zurückgeschoben ist, daß sich jeder fragt, wie der Mann das wichtige Stück auf seinem Haupt überhaupt zum Halten gebracht hat.

Der Schnauzbärtige setzt sich erst einmal, dann schraubt er seinen Stempel zusammen, drückt unsere Dokumente gegen die Tür und versieht nach eingehender Gesichtskontrolle einen Paß nach dem anderen mit dem notwendigen Sichtvermerk, der neben dem Datum und dem Grenzort Mamonowo noch immer das aus vier Großbuchstaben bestehende kyrillische Kürzel für die untergegangene Sowjetunion enthält.

Während unser Zug wartet, erklingt von draußen Musik. In einem ummauerten Gärtchen des Grenzbahnhofes sehen wir einen ergrauten Alten, der eine singende Alte zu den gemütvollen Weisen eines Akkordeonspielers an den Tulpen- und Zwiebelbeeten vorbei durch den Garten schwenkt. Mit der Ankunft unseres Zuges, hat das alles aber nichts zu tun. Und einen besonderen Grund für die Fröhlichkeit der kleinen Gruppe scheint es auch nicht zu geben. Vielleicht singt die Baba im dunklen Kleid, weil der Nachbar gekommen ist und gerade sein Instrument dabei hat; vielleicht tanzen die beiden auch nur, weil ihnen an diesem späten Nachmittag und unter diesem blauen Himmel einfach danach ist ... Ein wenig neidvoll sehen wir deshalb dem Paar im Garten des Grenzbahnhofes zu, und jetzt wissen wir: wir sind in Rußland angekommen ...

Hinter Heiligenbeil/Mamonowo bestaunen wir die Ansammlung Dutzender alter Dampflokomotiven auf den benachbarten Gleisen. Ihre Rauchkammern sind noch allesamt nach Westen gerichtet. Eine in vierundzwanzig Stunden einsatzbereite strategische Reserve, deren Anblick nach dieser Begrüßung seltsam berührt, zugleich aber auch daran erinnert, daß sich hier ja noch vor zwei, vor drei Jahren ein streng gesichertes militärisches Sperrgebiet befand.

Den leidenschaftlichen Eisenbahn-Freund in unserem Zug muß eine solch einzigartige Dampfroß-Versammlung jedoch in geradezu euphorische Stimmung versetzen. Er greift deshalb auch abwechselnd zur Kamera, dann wieder zum Fernglas und zum Stift, um alte Loknummern zu dokumentie-

ren, aus denen sich das jeweilige Baujahr und die Seriennummer der »Beute«-Lokomotiven herauslesen lassen. Und immer muß er neue Ausdrücke für seine Begeisterung erfinden, eine Begeisterung, die wohl nur der wirklich nachvollziehen kann, der eine nostalgische Modelleisenbahnanlage unter seinem Ehebett deponiert hat, etwas von Eisenbahnen, von Eisenbahnhistorie und der Ostbahn versteht und sich an preußischen Rundschuppen, verwaisten Schrankenwärterhäuschen und unberührt wirkenden Provinzbahnhöfen aus wilhelminischer Zeit ebenso zu erhitzen vermag wie am Anblick von übertünchten Reichsbahn-Kilometersteinen, von doppelten Telegrafenmasten und alten Formsignalen, und der natürlich mit bloßem Auge auf den Stahlschwellen des Gegengleises mühelos das Walzzeichen »Krupp 1933« erkennen kann ...

Die Fahrt geht weiter. Wir stehen an den heruntergezogenen Fenstern, um nichts zu verpassen, und wir blicken – immer auf der Suche nach vertrauten Zeichen – hinaus in das weite und ebene Land, das einmal Ostpreußen hieß und deutsch war und nun schon seit fast einem halben Jahrhundert zum »Kaliningradskaja Oblast« gehört und ein Teil Rußlands ist.

Nur gelegentlich taucht eine Ortschaft auf. Verloren wirkende Kühe weiden auf unbebautem Land. Wir haben alte Karten und Fahrpläne auf unseren Knien, und manchmal entdeckt einer der Mitreisenden sogar noch die überwachsenen Gleise einer früheren Krautbahn; schmale Schienenstränge, die irgendwohin führen und stumm auf die Bedeutung hinzuweisen scheinen, die der Landwirtschaft in diesem Raum einmal zukam.

Sobald der Zug an Einzelgehöften vorüberfährt, sobald er eine Straße kreuzt, von einem Feldweg ein Stückchen begleitet wird oder eine Siedlung passiert, bleiben die Menschen stehen; und Junge und Alte winken dem Reisenden ihr Willkommen zu. Zeichen, die wohltuend sind. Gesten, die man von daheim, wo das Winken längst aus der Mode gekommen ist, schon nicht mehr kennt und die wenigstens ein Eisenbahn-Gedicht von *Ringelnatz* in Erinnerung rufen, jenes malenden Dichter-Matrosen aus Wurzen in Sachsen also, der viel herumgekommen war in der Welt und der natürlich auch dem alten Königsberg, das er sehr mochte, ein Gedicht gewidmet hatte.

Die Stadt aber, die *Joachim Ringelnatz* kannte, in der einst das Herz Preußens schlug und die das Ziel unserer Reise ist, gibt es nicht mehr. Sie hat nach dem opferreichen letzten Weltkrieg ihre Seele verloren. Gewiß, auch andere blühende Städte sind während dieses schlimmsten aller europäischen Kriege in Schuttwüsten verwandelt worden. Wohl keine aber wurde neben dieser Zerstörung noch nachträglich ihrer Identität so gründlich beraubt wie Königsberg, das im Sommer 1946 einen neuen, einen russischen Namen erhielt und dessen angestammte Bevölkerung, so sie überhaupt noch am Leben war, nach den Festlegungen von Potsdam vollständig nach West- und Mitteldeutschland ausgesiedelt wurde.

Kriegsvertriebene und Zwangsumgesiedelte aus anderen Regionen der Sowjetunion fanden hier ein neues Zuhause und nahmen in der Folgezeit von dem, was in und um Königsberg geblieben war, Besitz. Lehrer kamen und brachten ihre Familien mit, Beamte, Fischer, Fachleute und Militärs. Sie alle machten die zerstörte Stadt wieder bewohnbar und begannen damit, eine völlig neue Geschichte zu schreiben, eine Geschichte, die mit dem Jahr 1945 begann, die die siebenhundertjährige andere bewußt ignorierte und die Erinnerung daran auslöschte, wo immer das möglich und nötig war.

Schloßbibliothek.
Seite 14/15: Neues Schauspielhaus in der Hufenallee.

Alt-Königsberg existiert nicht mehr. Wer die Stadt noch aus der Zeit vor dem Weltkrieg kannte und sich heute hierher begibt, der wird entsetzt und enttäuscht sein, weil ihm die Menschen und ihre Sprache, weil ihm dieser Ort fremd ist und sich selbst auf den zweiten Blick Vertrautheit nicht einstellen will. Wer sich aber Zeit nimmt und mit der Absicht herkommt, das neue Kaliningrad genauer kennenzulernen, wer mit wachem Blick durch seine Straßen und durch seine Gassen geht, über Plätze und Brücken; wer am Ufer des Pregel entlangwandert und durch den Zoo oder die verbliebenen Parkanlagen spaziert, der wird die Stadt mit anderen Augen sehen lernen und zu seiner Überraschung doch noch manch eindrucksvolles Detail entdecken können, das mehr über das lange Leben der Vorgängerin erzählt, als sich bei der ersten flüchtigen Begegnung vermuten ließ. Vor allem außerhalb des zerstörten früheren Zentrums kann man noch auf Zeichen und Zeugen stoßen, die neben dem übermächtigen, gesichtslosen Neuen ein bislang unbemerktes Schattendasein geführt haben, und die so beseelt wirken, als hätten sie fünf lange Jahrzehnte nur auf diese Wiederentdeckung gewartet, um leise und eindringlich von einer alten Stadt Königsberg zu erzählen, von ihrer Geschichte, von ihrer einstmaligen Schönheit und von ihrer Bedeutung als Ort der Begegnung und des Austausches vieler Völker, Kulturen und Ideen ...

Alte Speicher.

EINE BURG FÜR KÖNIG OTTOKAR

Der historisch Interessierte benötigt seine Eckdaten, braucht Namen, markante Ereignisse und Geburtsurkunden. Königsberg hat das alles. Seine geschriebene Geschichte beginnt mit den von Westen her kommenden mönchischen Eroberern und Ordensrittern, die unter dem schwarz-weißen Banner und aus durchsichtigen Gründen weiter und weiter nach Osten vorstießen, um auch die heidnischen Samländer mit Nachdruck zum Kniefall vor dem neuen Gott zu ermuntern.

Den vom Heiligen Vater abgesegneten und entscheidenden winterlichen Kreuzzug des Jahres 1254/55 führte nicht der Hochmeister des Deutschen Ordens an. In der ersten Reihe ritt, wie es der Papst empfohlen hatte, der böhmische König *Ottokar II.* Dieser war es dann auch, der nach dem geglückten Kreuzzug gegen die Pruzzen unliebsamen Überraschungen vorbauen wollte und über dem Pregel den Bau einer Ordensburg anregte, in der sich die schlaggeübten Brüder erholen, sicher fühlen und neue Vorstöße planen sollten. Im Gedenken an den umsichtigen *Ottokar* nannte man das Bauwerk »Burg des Königs« und schmückte auch gleich das älteste Komtursiegel von 1262 sowie das einhundert Jahre später auftauchende Siegel der Altstadt mit seinem Konterfei.

Im Schutze der *Ottokar*-Burg entwickelte sich nach und nach eine Stadt, an deren Geburt wieder einmal wendige Lübecker Kaufleute beteiligt waren, und die auf einem um 1580 entstandenen Panoramabild bereits so stattlich und so einladend aussah, daß man den Wahrheitsgehalt der zum Bild gehörenden lateinischen Kurzcharakteristik, in der Königsberg als »urbs maritima« und »elegantissima princips sedes« gepriesen wurde, als Seestadt und prunkvoller Fürstensitz also, nicht bezweifeln muß.

Vom Jahre 1457 an bezog der Hochmeister des Deutschen Ordens am Pregel seine Residenz. 1511 wurde *Albrecht von Brandenburg-Ansbach* zum letzten Hochmeister des Ordens gewählt, dessen Auflösung sich allerdings schon anzubahnen begann. Nicht nur in deutschen Landen herrschte Umbruch- und Aufbruchstimmung. Als die Ideen der Reformation immer weiter nach Osten wanderten, ging der Hochmeister klugerweise auf Deutschlandreise. *Albrecht* suchte sogar *Luther* auf und ließ sich von ihm überzeugen, daß mit solch einem Ordensstaat künftig kein Staat mehr zu machen und eine Umwandlung in ein weltliches Herzogtum keineswegs ehrenrührig sei. Unterdessen zog die neue Lehre daheim munter ihre Kreise. Preußens Säkularisierung war nicht mehr aufzuhalten. Und als der gewandelte *Albrecht* im April 1525 zu Krakau mit dem weltlichen Herzogtum Preußen belehnt wurde, brach nicht nur in Königsberg der Frühling an.

Aus der alten Burg des Ordens wurde ein repräsentatives Renaissanceschloß, von dem aus die preußischen Herzöge das Land bis zum Ausbruch des 30jährigen Krieges regierten. Selbst die Personalunion zwischen Preußen und Brandenburg konnte der Stadt in späterer Zeit ihre Bedeutung als Residenz nicht nehmen. Königsberg spielte auch fernerhin in der deutschen Geschichte eine herausragende Rolle und war zeitweilig sogar Krönungsstadt preußischer Könige. Im Winter des Jahres 1701 reiste der Kurfürst *Friedrich III. von Brandenburg* mit großem Gefolge in seine Geburtsstadt, um sich

*Inmitten der herrschaftlichen Gründerzeit- und Jugendstil-
villen fühlt man sich bisweilen in die alte deutsche Zeit
zurückversetzt.*

daselbst mit viel Pomp zum König von Preußen krönen zu lassen, wobei er sich, wie uns der Oberhofzeremonienmeister *Johann von Besser* in seinem minutiösen Krönungsbericht überlieferte, im Audienzsaal des Schlosses die Krone gleich selbst auf das Haupt gesetzt haben soll.

Auch wenn in späterer Zeit Berlin zunehmend an Bedeutung gewann, Mode, Geschmack, Kultur und Baukunst bestimmte, Königsberg blieb die geliebte Zweitresidenz und das eigentliche Zentrum des alten Preußen. Mit Königsbergs Namen läßt sich nicht nur die Städteordnung von 1808 verbinden, jenes beachtliche Reformwerk, das hier auf den Weg gebracht wurde und gewissermaßen den modernen Staatsbürger kreierte. In der Pregel-Stadt wurden auch ein bedeutsames Landwehrgesetz verabschiedet und das Zeichen zur Volkserhebung gegen *Napoleon* gegeben. Kein Wunder deshalb, daß bei der Erstürmung des Grimmaischen Tores am 19. Oktober 1813 in Leipzig die Königsberger Landwehr beteiligt war.

EIN WENIG HERALDIK

Das Wappen der Stadt erinnert daran, daß Königsberg genau gesehen aus drei Teilstädten besteht: der sogenannten Altstadt, Löbenicht und dem Kneiphof. Erstere erhielt bereits im Jahre 1286 das Stadtrecht und zeigt in ihrem Wappen die Krone des Böhmen und darunter auf rotem Grund das an die Bürgerfreiheiten des Hanseverbundes erinnernde weiße Kreuz.

Auch Löbenicht, das vierzehn Jahre später gegründet wurde, hat eine Krone im Stadtwappen. Der von den Armen des Pregel eingeschlossene Kneiphof wurde 1327 erstmals erwähnt, und vielleicht ist es der Inselmentalität seiner früheren Bewohner zuzuschreiben, daß sie im Mittelpunkt ihres Stadtzeichens unbedingt einen aus dem Wasser aufragenden Arm darstellen wollten, der die goldene Krone (rettend oder triumphierend, wer will das nach so langer Zeit wissen) in die Höhe hält.

Unter *Friedrich Wilhelm I.*, der Ordnung und Sparsamkeit über alles stellte, weshalb der königliche Lustgarten zu Königsberg auch gleich zum Paradeplatz umfunktioniert werden mußte, sollten die Kosten für die drei Stadtverwaltungen, die drei Rathäuser, die drei Gerichte reduziert werden. Da lag es nahe, Altstadt, Löbenicht und Kneiphof zu vereinen, was mit dem Titel »Königliche Preußische Haupt- und Residenzstadt« allen Betroffenen schmackhaft gemacht werden konnte.

Der Zusammenschluß erfolgte am 28. August 1724, und da sich jeder Stadtteilbewohner mit seinem Wappen in dem von einem Adler bekrönten, neugeschaffenen größeren wiederfand, ließ sich mit dieser Lösung schon leben. Außerdem blieb alles ohnehin noch lange beim Alten, und dieses Althergebrachte läßt sich am besten mit dem Ausspruch: »In der Altstadt die Macht, im Kneiphof die Pracht, im Löbenicht der Akker« beschreiben, eine Redewendung, die selbst noch im Königsberg des 20. Jahrhunderts gern verwandt wurde.

Stadtteilmentalitäten können zählebig sein. Kein Wunder, daß sich die 1879 in Domnähe geborene Dichterin Agnes Miegel bis zuletzt als Kneiphöferin empfand.

Blick über den Pregel zum Dom.
Seite 22/23: Die Domruine am Pregel.

HAFENGESCHICHTEN

Der Blick auf die Karte macht es deutlich: Zwischen der Memel- und der Weichselmündung hatte nur noch Königsberg über den Pregel direkten Zugang zur See. Das machte den Platz vor allem für die in der Hanse zusammengeschlossenen Kaufleute interessant. Und wenn man alte Stadtansichten zur Hand nimmt, wenn man die eindrucksvollen, hochgiebeligen Fachwerkspeicher an der Lastadie betrachtet, die so schöne Namen wie »Pelikan«, »Schwan« oder »Walfisch« trugen, wenn man die Packhöfe sieht, die Geschäftigkeit im Hafen, dann fühlt man sich sofort in norddeutsche See- und Hansestädte versetzt, glaubt, das erfrischende Geschrei der Fischweiber zu vernehmen und die nahe See zu spüren.

Der Königsberger Hafen war von Anbeginn das »wirtschaftliche Rückgrat« der Stadt. Der Verlauf alter Handelswege über die Stadt und die Nähe zur russischen Grenze waren günstige Faktoren. Das weite Hinterland mit seinen Waren und Schätzen begünstigte die Entwicklung Königsbergs zum wichtigsten Handelsplatz im Osten. Auf Lastkähnen und Flößen transportierte man aus dem Inneren des Landes heran, was dann – auf Schiffe verladen – nach Westen und nach Norden gebracht werden sollte. Holz und Leder, Wachse und Pelze, Erzeugnisse der Landwirtschaft vor allem und natürlich den kostbaren Bernstein. Andererseits war der Königsberger Hafen ein wichtiger Umschlagplatz für Produkte, die

Pregelfluß im Winter.

Blick auf die Altstadt über den Hundegatt.
Seite 26/27: Der ab 1333 errichtete Dom gilt als das bedeutendste Relikt mittelalterlicher Backsteingotik.

es hier nicht gab und die auf dem Fluß oder auf dem Landweg an ihren Bestimmungsort gelangten. Auch als die legendäre Ostbahn im Jahre 1853 fertiggestellt worden war, von 1860 an bis Eydtkuhnen fuhr, und die Südbahn von 1871 an ihren Betrieb bis zur russischen Grenze aufnahm, konnte das der Bedeutung der »Seestadt« Königsberg keinen Abbruch tun. Innerhalb weniger Jahre verdoppelte sich der Hanfhandel, und der Export mit Flachs und Getreide via Königsberg boomte. Die Stadt am Pregel entwickelte sich neben dem mittelpommerschen Stettin zum zweitgrößten Heringshafen Europas und wurde im Linsenwelthandel sogar die Nummer 1.

Als Seehandelshafen, als Fischerei- und Flußhafen hat Königsberg auch bis in die jüngste Zeit hinein seine Bedeutung nicht verloren. Durch den Enklavencharakter der Region, die mit Rußland nicht mehr direkt verbunden ist seit Litauen wie die anderen Staaten des Baltikums im Jahre 1991 seine Selbständigkeit erklärt hat, besitzt Rußland am Frischen Haff seinen einzigen Westhafen. Daß dieser Zugang zum Wasser für Militärstrategen auch heute noch von besonderem Interesse sein muß, erkennt selbst der Laie. Die Präsenz von Angehörigen der Kriegsflotte und anderer Streitkräfte auf den Bahnsteigen des Hauptbahnhofes und im Stadtbild führt das vor Augen. Für viele der aus Deutschland abziehenden Truppen liegt der neue Standort im Kaliningrader Gebiet, was die beiden unmittelbaren Nachbarn, Polen und Litauen, mit Sorge erfüllen muß.

EIN »SCHICKLICHE(R) PLATZ ZUR ERWEITERUNG DER MENSCHENKENNTNIS«
(I. Kant)

Seinem Charakter nach ist dieses Land und ist Königsberg jedoch durch die Jahrhunderte hindurch in der Hauptsache ein Platz des Handels und des friedfertigen Austausches gewesen. *Immanuel Kant,* der hier geboren wurde, hier gelebt und gelehrt hat, brachte es auf den Punkt, als er 1798 schrieb: »Eine große Stadt, der Mittelpunkt eines Reiches, in welchem sich die Landescollegia der Regierung desselben befinden, die eine Universität (zur Kultur der Wissenschaften) und dabei noch die Lage zum Seehandel hat, welche durch Flüsse aus dem Inneren des Landes sowohl mit angrenzenden als auch entlegenen Ländern von verschiedenen Sprachen und Sitten, einen Verkehr begünstigt – eine solche Stadt, wie etwa Königsberg am Pregelflusse, kann schon für einen schicklichen Platz zur Erweiterung der Menschenkenntnis genommen werden ...«

Deutsche und Polen kamen nach Königsberg; junge Russen, junge Litauer, Balten und andere. Für viele von ihnen war die erwähnte Alma mater Albertus das eigentliche Ziel. Die 1544 – und damit vor vierhundertundfünfzig Jahren – von Herzog *Albert* als »Pflanzgarten der reinen Lehre« gegründete Universität hat im Verlaufe ihrer langen Geschichte viel zum internationalen Ruhm der Pregelstadt beigetragen. In nicht wenigen Biographien später zu großen Ehren Gekommener taucht der Name dieser Stadt oder ihrer Hochschule auf.

Aufstrebende und junge Professoren fühlten sich von Königsberg angezogen. Einige von ihnen lehrten hier wenige Jahre, andere blieben, machten Karriere und unterrichteten und forschten bis an ihr Lebensende wie *Friedrich Wilhelm Bessel,* der der bedeutendste Astronom der Neuzeit wurde, wie der Sprachforscher *Adalbert Bezzenberger* aus Hessen, wie der bedeutende Magdeburger Philosoph *Karl Rosenkranz.* Vor allem aber waren es *Johann Georg Hamann* und *Immanuel Kant,* die Königsberg und seine Albertina für viele Zeitgenossen und weit über ihre Zeit hinaus attraktiv machten.

Johann Gottfried Herder studierte hier. Und aus Dorpat kamen *Jakob Michael Reinhold Lenz* und sein Bruder, um sich an der Königsberger Universität einzuschreiben. Der eine für Jura, *Jakob* für Theologie, wie das sein Vater gewünscht hatte; doch viel wichtiger waren ihm und anderen die Vorlesungen, die *Kant* über Moral und Metaphysik hielt, über Naturwissenschaften, über Anthropologie und andere Wissensgebiete. Als der verehrte Lehrer 1770 endlich zum Professor für Logik und Mathematik ernannt wurde, war es *Lenz,* der im »Namen aller studierenden Cur- und Liefländer« ein Huldigungsgedicht verfaßte. Und dieser *Lenz,* der später in Straßburg *Goethe* begegnen sollte, dem Kreis der »Stürmer und Dränger« beitrat und seinen »Hofmeister« schrieb, ist nur einer unter vielen, für die das geistige Klima Königsbergs wegweisend wurde. Wie in berühmten anderen freien Handelsstädten war auch in dieser eine außerordentlich fruchtbare Verbindung zwischen Bürgertum, Kunst und Wissenschaft

*Ecke Kantstraße - Altstädtische Langgasse.
Seite 30/31: Front der Königsberger Universität.*

zu beobachten. Großartige Sammlungen verbargen sich in manchem Haus und auf manchem Landsitz. In der Residenzstadt wurde Theater gespielt und wurden Musikstücke aufgeführt, und es ist schon der Erwähnung wert, daß *Bizets* Oper »Carmen« 1879 in Königsberg ihre deutsche Uraufführung erlebte, daß *Richard Strauß* hier 1927 den »Rosenkavalier« und *Hans Pfitzner* 1932 seine Oper »Palestrina« dirigierten.

Dieses aufgeklärte und kunstliebende Königsberger Bürgertum ließ im vergangenen Jahrhundert auch dem größten Sohn der Stadt nach dem Entwurf von *Daniel Rauch* ein Denkmal gießen, das anfangs vor seinem Wohnhaus in der Prinzessinstraße Nr. 3, seit 1885 neben der neuen Universität stand. In den Kriegswirren ging das nach Schloß Friedrichstein ausgelagerte Kunstwerk verloren. Auf Initiative einer unablässig um Kennenlernen und Aussöhnung mit dem Osten bemühten weisen Gräfin und mit Hilfe vieler Spender wurde nach einem kürzlich aufgefundenen kleineren Gipsmodell ein neues Bronzedenkmal in Deutschland geschaffen und in Berlin gegossen. In den letzten Junitagen des Jahres 1992 wurde der deutsche Philosoph nach fast fünfzigjähriger Abwesenheit am alten Platz auf den zufällig in einer Scheune wiedergefundenen Sockel aus rotem Granit gehoben. Und »sicherlich hätte es ihn gefreut, wenn er, der Mitglied der Akademie der Wissenschaften in Petersburg war, erlebt hätte, wie Deutsche und Russen sich in gemeinsamer Verehrung zu seinen Füßen versammelten«, schrieb die Gräfin *Dönhoff* nach ihrer Rückkehr aus Königsberg in einem »Zeit«-Artikel.

Ein Jahr später, wiederum im Sommer, fand im Rahmen einer »Internationalen Musikwoche« im ehemaligen Ostpreußen eine eindrucksvolle Friedensfeier für Europa statt. Die Kulisse bildete die Ruine des 1944 während der Bombardierung zerstörten Domes. Daß es diese Ruine heute überhaupt noch gibt, ist mit großer Wahrscheinlichkeit der Tatsache zu verdanken, daß sich an der Nordostecke des einstigen Gotteshauses seit 1804 das Grabmal eben jenes Königsberger Professors befindet, dessen Philosophie nun einmal als eine der Hauptquellen des Marxismus betrachtet wird. *Kant* nun also auch noch der Retter des 1330 auf vielen tausend Holzpfählen erbauten Domes auf dem Kneiphof.

Inzwischen ist ein Dombauverein gegründet worden. Gerüste aus Birke und Fichte sind im Inneren des geschundenen Bauwerkes aufgerichtet. Die Sicherungsmaßnahmen laufen auf Hochtouren und lassen hoffen, daß eines Tages wenigstens das Herzstück des einst so prachtvollen und dicht bebauten, nun aber gänzlich verschwundenen Kneiphofes wiedererstehen könnte.

Die Vielen, die an diesem Sommertag von überall her vor die Ruine gekommen waren und die krönende »H-Moll Messe« von *Johann Sebastian Bach* vernahmen, bekundeten ihren festen Willen zum Wiederaufbau des Königsberger Domes.

Zwei eindrucksvolle Zeichen in den ersten Jahren der Öffnung und des Aufbruchs, Zeichen, die Brücken schlagen helfen und die vor allem den vor Ort Wirkenden Mut machen wollen ...

Dominneres.

Das Königsberger Landgericht ist mit einem reich verzierten Portal versehen.
Links: Das Landgericht Ecke Stresemannstraße/Hansaring wurde im Volksmund auch »Bullenwinkel« genannt. Diese Bezeichnung rührt von der 1912 aufgestellten Erzgruppe »Kämpfende Wisente« her, die Staatsanwalt und Verteidiger im juristischen Kampf symbolisieren soll.

Kirchhofstraße.

DAS HEUTIGE KÖNIGSBERG UND SEINE UMGEBUNG

Die Zukunft des von Rußland getrennten Kaliningradskaja Oblast wird auch künftig unter sehr verschiedenen Aspekten zu betrachten sein. Die im Frühjahr 1992 vom russischen Präsidenten ausgerufene Freihandelszone »Jantar« (Bernstein) könnte ein Modell für eine sinnvolle Unterstützung und für ein Aufeinanderzugehen werden, eine einzigartige Chance für die Entwicklung dieser Region, in der heute neben dem Militär etwa 900 000 Menschen unterschiedlichster Nationalitäten leben, wobei der Anteil der Russen der größte ist. Ukrainer, Weißrussen und Litauer stellen zusammen weniger als ein Viertel der Bevölkerung.

Die Zahl der Rußlanddeutschen, die seit wenigen Jahren in den westlichsten Zipfel des Landes kommen und auf die Zukunft gerade dieses russischen Teilgebietes setzen, wird sehr unterschiedlich angegeben. Die einen sprechen von mehr als zwanzigtausend, offizielle staatliche Stellen jedoch lediglich von fünftausend, weil eine gemischte Familie, in der nur ein Elternteil deutscher Herkunft ist, aus der Statistik fällt. Daß es inzwischen ein »Deutsches Haus« mit vielfältigen Aktivitäten gibt, eine zweisprachige Zeitung, einen ständig anwesenden, rührigen Pfarrer und noch einiges mehr, ist erfreulich, kann jedoch nicht darüber hinwegtäuschen, daß die Heimat und daß die Wurzeln dieser deutschen Zuwanderer oft viele tausend Kilometer entfernt liegen. Königsberger sind sie also nicht, denn diese sind allesamt Opfer des letzten Krieges geworden; sind verhungert, erschossen, erschlagen worden, wurden nach Osten deportiert und sind nach Westen geflohen oder vertrieben worden. Im Jahre 1948 war die Ausweisung der letzten Deutschen aus Königsberg, das schon das zweite Jahr Kaliningrad hieß, abgeschlossen ...

Inzwischen ist dieses Kaliningrad auf dem besten Wege, wie einst das alte Königsberg, ein Begegnungsort zwischen Ost und West zu werden. Der »frische Wind«, der über das Land streicht, bewegt noch nicht so viel, wie er sollte, denn es liegt auf der Hand, daß die Entwicklung der »Bernsteinregion« nicht losgelöst von der Stabilität russischer Politik gesehen werden kann. Manch einem, der hier lieber schon heute als übermorgen investieren und seinen ehrlichen Beitrag zur Annäherung leisten würde, fehlen die notwendigen Garantien. Aber wesentliche Weichen scheinen dennoch gestellt zu sein und geben zu berechtigten Hoffnungen Anlaß.

Daß Königsberg und sein Umland endlich wieder Ziel von Touristen sein können, ist ein besonders erfreulicher Umstand und schon der Wende in der alten Sowjetunion zu verdanken. Im August 1991 fuhr ein erster Sonderzug nach Königsberg. Und was nicht einmal Insider wußten: in der verbotenen militärischen Sperrzone existierte tatsächlich noch ein Normalspurgleis, das bis zum Vorortbahnhof Dsershinskaja führte. Im Mai 1993 wurde das Normalspurgleis mit Unterstützung der deutschen Bahnen und der deutschen Industrie bis in den Königsberger Hauptbahnhof verlegt. Dieser Lückenschluß wurde als ein wichtiges Ereignis gefeiert, denn erstmals nach 46 Jahren war die Stadt auf dem Schienenweg wieder direkt mit den anderen europäischen Haupt-

Der Philosoph Immanuel Kant wurde 1724 in Königsberg geboren und hat seiner Universität fast 100 Jahre gedient. 1857 schuf ihm Christian Rauch ein Denkmal auf dem Paradeplatz vor der Neuen Universität.
Rechts: Hufengymnasium.

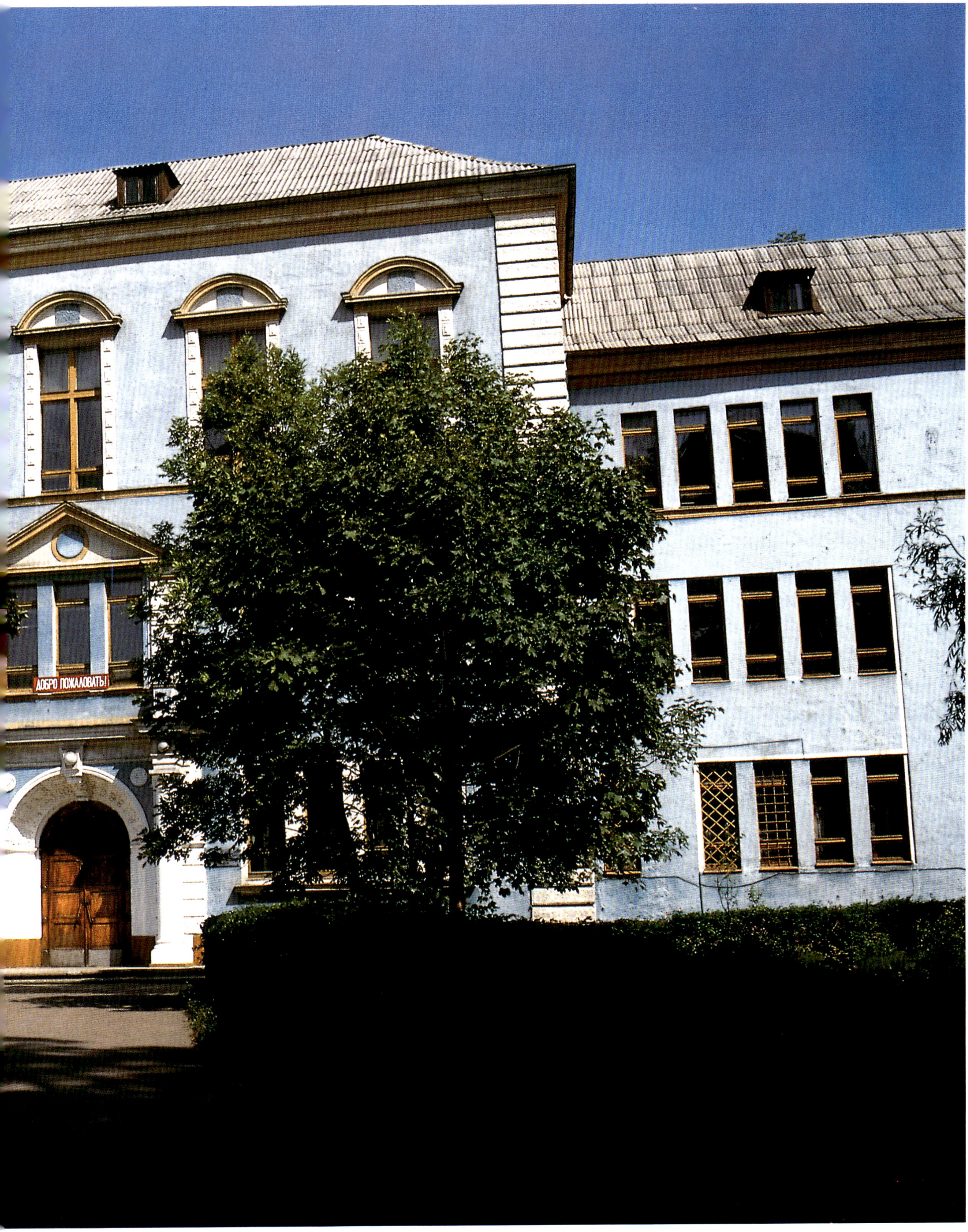
ДОБРО ПОЖАЛОВАТЬ!

städten verbunden. Seither gibt es auch den beinahe wie in alten Zeiten verkehrenden »Königsberg-Expreß« zwischen Berlin und der Pregel-Stadt. Viele Touristen haben sich inzwischen hierher begeben, um zu sehen, was aus der Heimat von einst geworden ist. Nach fast einem halben Jahrhundert erzwungener Abwesenheit sind sie damit beschäftigt, Vertrautes aufzuspüren oder einfach nur auf Entdeckungsfahrt zu gehen.

Und wer einmal in Königsberg ist, den wird es natürlich auch hinausziehen zum Frischen Haff, nach Jantary/Palmnicken, wo sich der einzige Bernsteintagebau der Welt befindet, was eine wichtige Devisenquelle darstellt. Mit den rund achttausend Tonnen Jahresproduktion werden hier vierundneunzig Prozent des Weltbedarfs an Bernstein gedeckt. Die Fördermöglichkeiten sind für weitere 300 Jahre gesichert.

Stadtteil Hufen.

An der malerischen Steilküste bei Swetlogorsk wird unser Wanderer das Meer rauschen hören, wie es der alte deutsche Ortsname, Rauschen nämlich, verspricht. Und dann wird er weiter nach Cranz hinauf wollen, das heute Selenogradsk heißt, was man mit »grüner Stadt« übersetzen müßte. Und grün und schön ist es hier in der Tat. Cranz, das 1816 zum »Königlichen Seebad« erhoben worden war, ist bis heute ein populärer Kur- und Badeort geblieben und bietet sich als idealer Ausgangspunkt für Ausflüge auf die Kurische Nehrung an, ein etwa einhundert Kilometer langes, schmales Schutzgebiet, deren bekannteste Siedlung Nida/Nidden heißt, Sommersitz des Schriftstellers *Thomas Mann* war und gleich hinter der Grenze und schon auf litauischem Territorium liegt.

Unter den Besonderheiten, die die Natur an Haff und Nehrung bereithält, hinterlassen an die Sahara erinnernde Wanderdünen einen nachhaltigen Eindruck. Seit vielen Jahrtausenden existieren diese Sandwunder bereits. Im Verlaufe eines Jahres bewegen sie sich nur wenig und wohl nur für den Eingeweihten sichtbar vorwärts, und dennoch haben diese einzigartigen, bis zu sechzig Meter hohen feinkörnigen Gebilde an der Ostsee (nur noch beim pommerschen Leba trifft man auf eine solche Landschaft) Wiesen, Wälder, Äcker und sogar Fischerdörfer unter sich begraben.

Ein solcher Anblick läßt einen über Zeit nachdenken. Ruft vielleicht auch eine vertraute Verszeile von *Johannes Bobrowski* ins Gedächtnis, der die osteuropäische Landschaft gut kannte, der sie liebte und aus den Erinnerungen an seine Kindheit und aus seinen Erfahrungen im Osten den Stoff für seine Dichtung und für eine Prosa schöpfte, die zu dem Besten zählen, was nach dem Krieg mit Blick gen Osten geschrieben wurde.

Alte Speicher.
Seite 42/43: Königstor.

Diese Gedichte und Geschichten können auch dem Nachgeborenen vom Strom der Geschichte erzählen, von Begegnungen und Verfehlungen, und sie können ihn ahnen lassen, was sich hinter diesem Königsberg, was sich hinter diesem Land der Pruzzen und dem Bernsteinland noch alles verbirgt und immer wieder zu neuen Reisen einladen und verführen wird. ...

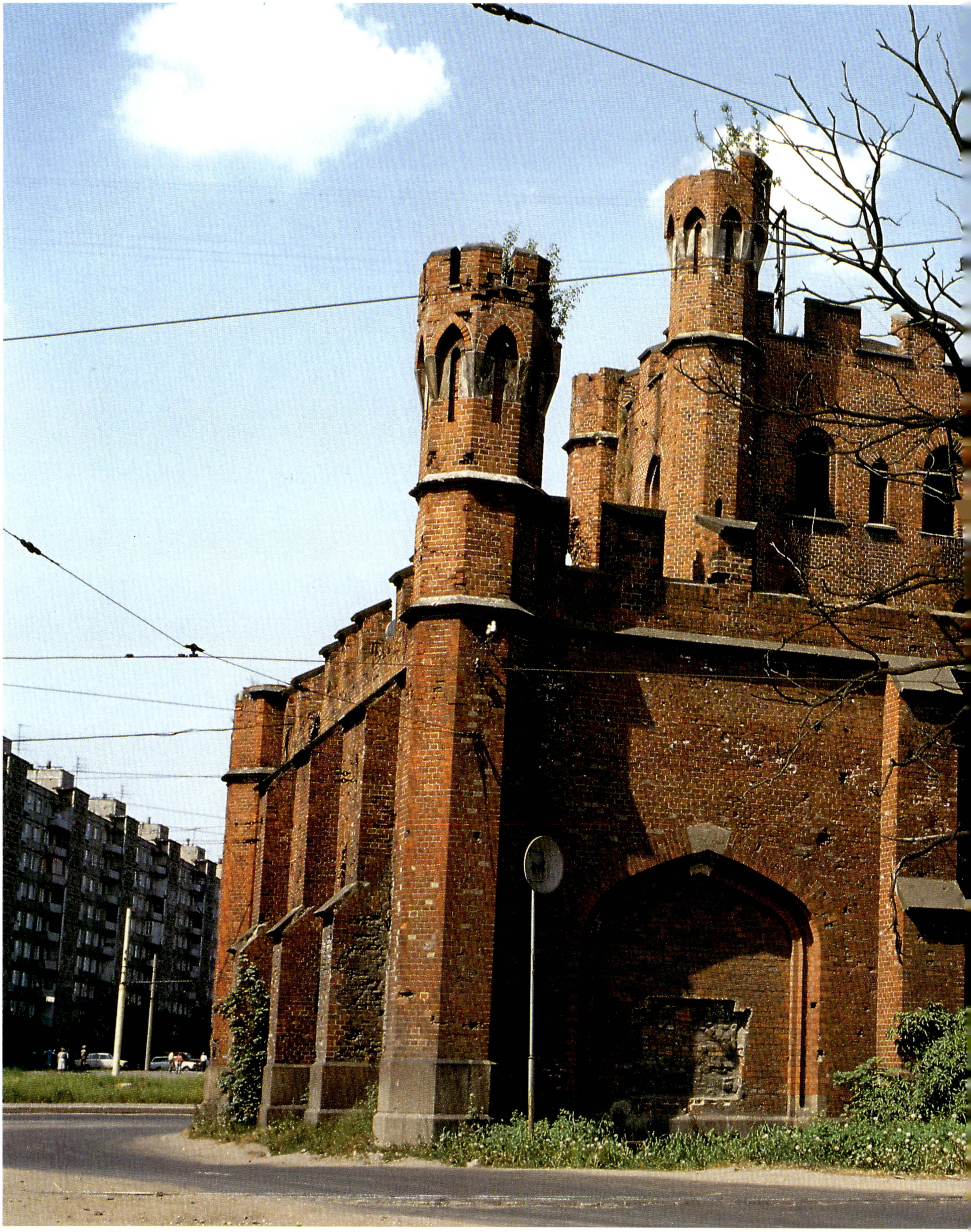

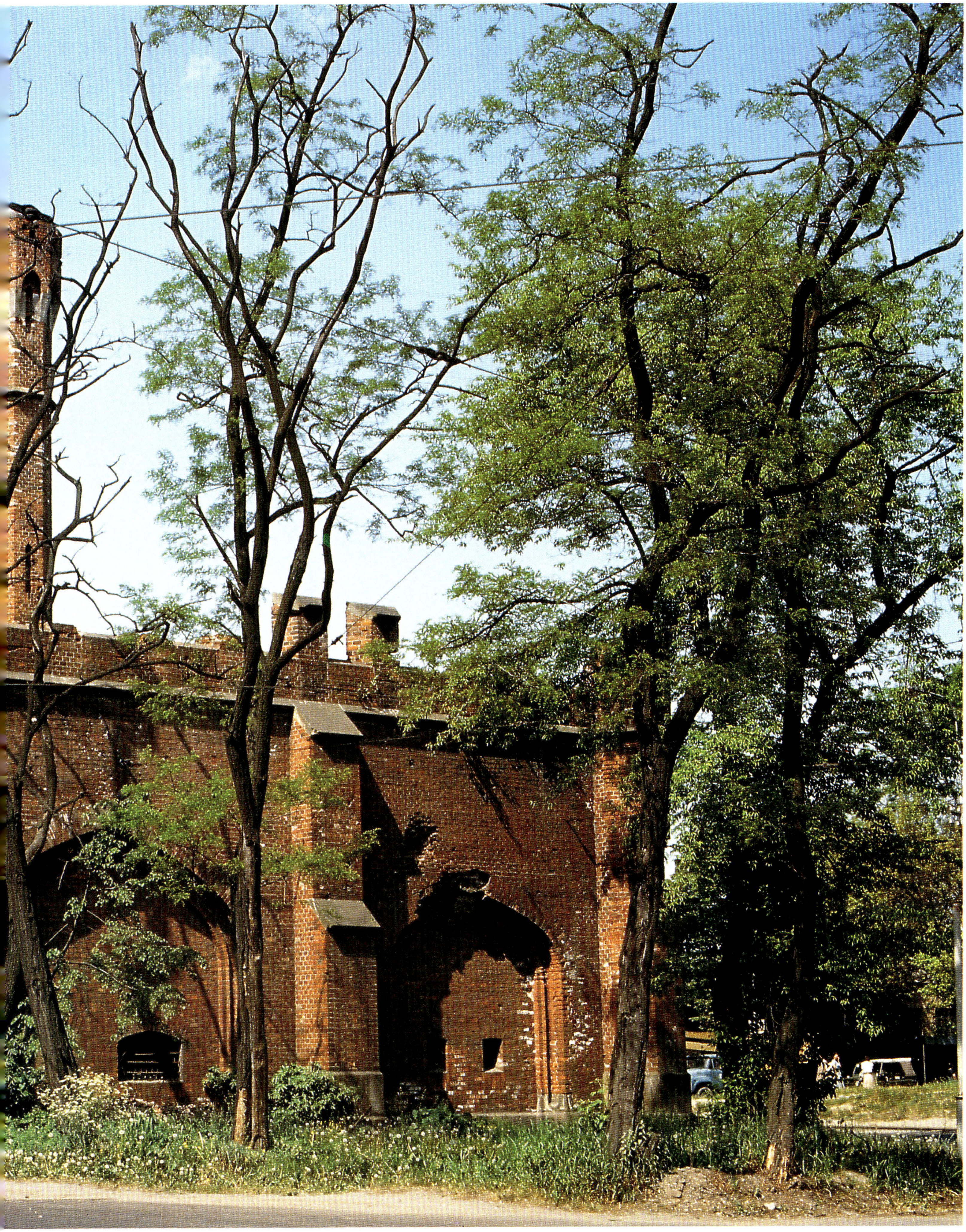

HISTORISCHE STREIFZÜGE DURCH KÖNIGSBERG

WANDERUNGEN AN DER OSTSEE: KÖNIGSBERG

Als wir kaum noch ein Viertelstündchen über die nun spiegelglatten von der Abendsonne schön vergoldeten Fluthen des Haffs hingeglitten waren, gewahrten wir schon die Tonnen, die das Fahrwasser zur sichern Einfahrt in den Pregel hier bezeichnen, und alsbald glänzte uns auch am Horizont das stattliche Königsberg mit seinem ehrwürdigen Schlosse und seinen zahlreichen, wenn auch nicht eben bedeutenden Thürmen entgegen. Wir fuhren links an Holstein, einem der beliebtesten und belebtesten Vergnügungsorte, vorbei. Die zahlreichen anwesenden Gäste hatten sich hier hart am Ufer aufgestellt, und als unser Dampfschiff, die Schwalbe, eleganten Fluges vorbeischoss, ward es mit Hurrahruf und Hüteschwenken begrüsst und wir verfehlten nicht, dies jubelnd zu erwiedern. Von Holstein nach Königsberg führt zur Linken des Pregels eine schöne fast immer von Spaziergängern, Reitern und Equipagen belebte Chaussee, und zur Rechten ziehen sich grosse üppige Wiesen bis unter die Wälle des Forts Friedrichsburg.

Ein Theil dieser fruchtbaren Niederungen wird der nasse Garten genannt. Ist das Leben auf dem Pregel vor Königsberg auch nicht entfernt mit dem auf der Themse und Elbe vor London und Hamburg zu vergleichen, so gewährt es doch ein höchst interessantes Bild und entfaltet die ganze Eigenthümlichkeit des bunten, lauten, rührigen und jodelnden Treibens einer Seestadt. Besonders originell und auffallend erscheinen dem Fremden die schwimmenden polnischen Colonien, die, von Juden bemannt, mit ihren oft 200 Fuss langen Fahrzeugen oder Flössen, Wittianen genannt, hier zahlreich aneinander gedrängt liegen und durch ihren Handel mit Getreide, Holz, Flachs etc. nicht wenig zum lebendigen Verkehr beitragen. Königsberg selbst gewährt aus der Ferne, von der Wasserseite, wie überhaupt von allen Seiten gesehen, nur eine gewöhnliche thurmreiche Stadtansicht.

Die Umgebungen sind flach aber fruchtbar, farbenreich, und wenn man sie von Höhenpunkten überblickt, dem Auge wohlthuend, weil sie vielfach durch Wasser belebt sind. Ausser dem Schlosse, das uns hier seine westliche Fronte mit dem Moskowitersaale zukehrt, erheben sich noch sieben Thürme aus der grossen Häusermasse, die aber weder durch besonders edle noch durch grossartige Formen das Auge zu fesseln vermögen.

Dagegen fühlt sich bei der Anschauung Königsberg's der Geist mächtig angeregt! Was hat diese Stadt zu allen Zeiten geleistet und gelitten! Welche grosse Beispiele zur Nachahmung hat sie der Welt gegeben, und welche grosse und tüchtige Männer hat sie geboren und herangebildet! Männer wie *Kant, Herder, Hamann, Dinter, J. Werner* u. A. haben hier gelebt und gelehrt, und Männer wie *Bessel, Burdach, Herbart, Jacobi, Rosenkranz, Vogt* u. A. leben und lehren noch jetzt hier zum Heile der im Lichte fortschreitenden Menschheit. In diesen engen, unköniglichen Strassen Königsberg's war es, wo *Friedrich*

Wilhelm III. zur Zeit des unglücklichen Krieges, im schlichten Ueberrocke vom Schicksal schwergebeugt einherging, und durch leutseliges Wesen sich Aller Herzen gewann. Hier war es, wo *Fichte* reden durfte, freier wie in Berlin, frei, wie in Preussen Keiner vor ihm und nach ihm geredet hat. Hier war es, wo Männer und Patrioten, wie *Stein, W. v. Humboldt, Niebuhr, Schön, Nicolovius, Stägmann* u. A., im Stillen das Werk der Vaterlandsbefreiung vorbereiteten, und hier war es endlich auch, wo zu allen Zeiten die Rechte des Volkes überwacht und muthig vertreten wurden. Königsberg ist an Geist und Gesinnung ein unschätzbares Juwel im nordischen Städtekranz. Königsberg ist die Stadt, die ihre Schwestern fragen darf: wer unter Euch hat in der Zeit der Schmach und Gefahr Schmerzen wie ich erlitten und Opfer wie ich gebracht? Königsberg ist die patriotischste der Städte und die ehrwürdigste der Mütter im Norden, denn sie hat den Tugendbund und durch diesen die Unabhängigkeit des Vaterlandes geboren.

Der Schloßhof mit dem sogenannten »Blutgericht«, einer alten Weinwirtschaft (rechts).

Die Königin-Luise-Gedächtniskirche liegt am Beginn der Lawsker Allee und wurde als erstes Gotteshaus außerhalb des Wallrings in neuromanischem Stil erbaut. Eingeweiht wurde sie 1901.
Rechts: Die katholische Kirche zur Heiligen Familie entstand 1904 am Oberhaberberg.

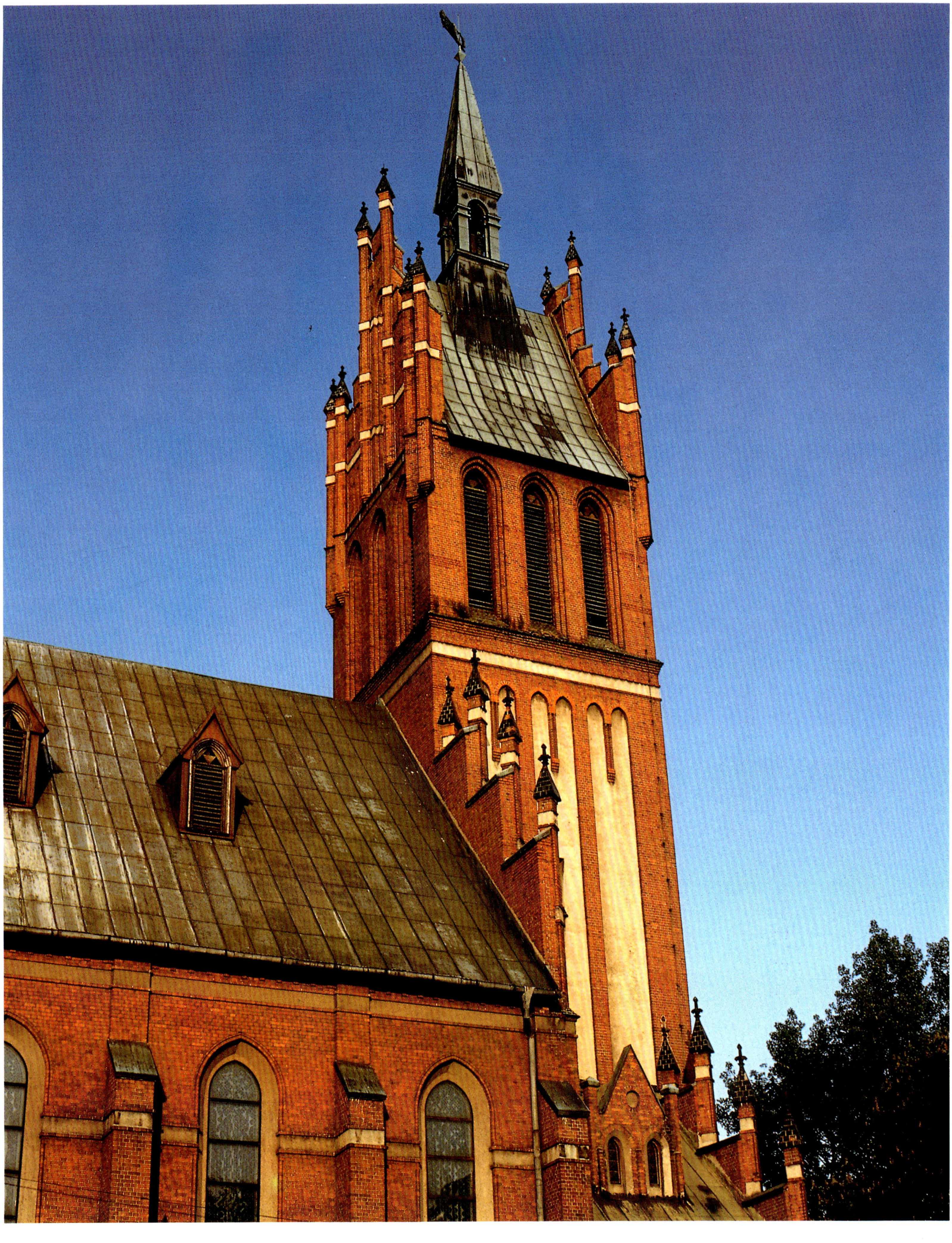

Weniger tröstlich aber ist ein Blick auf den jetzigen materiellen Zustand Königsberg's. Durch seine isolirte vom Mittelpunkte Preussen's und Deutschland's fast abgesperrt zu nennende Lage ohnehin schon sehr im Nachtheil, ist nun auch sein einst so blühender Handel mit Polen, Curland und den übrigen russischen Provinzen durch die Grenzsperre Russland's völlig vernichtet. Wenn sonst die Universität eine der blühendsten war und von den reichen Söhnen Curland's und Polen's besucht war, die Leben und Geld hierher brachten, so studiren hier jetzt fast durchgängig nur die Söhne der nach und nach mittellos gewordenen Provinz, oft nicht 400 an der Zahl. Auch das literarische Leben Königsberg's ist, abgesehen von den tüchtigen wissenschaftlichen Bestrebungen seiner Gelehrten, höchst unbedeutend. Die grosse an Wissen und Talenten so reiche Stadt hat ausser ihrer kleinen, löschpapiernen, wohlbeprivilegirten Zeitung kein Journal, kein Organ, das dem übrigen Deutschland über das isolirte Leben und Treiben Königsberg's Nachricht geben könnte. Versuche, die mit dem »Luftballon«, »den Ostseeblättern« etc. gemacht wurden, scheiterten nicht an dem bekannten regen Sinn der Königsberger für Oeffentlichkeit, sondern an der materiellen Mittellosigkeit der Stadt und Provinz.

Königsberg hat wenig von der Pracht und geräumigen Regelmässigkeit neuerer grossen Städte. Nur wenige Plätze, wie z.B. der Königsgarten beim Theater und etwa die sogenannte Vorstadt, eine grosse stattliche Strasse, möchten damit zu vergleichen sein. Enge Strassen und hohe Giebelhäuser sind auch hier wie in allen älteren Ostseestädten vorherrschend, aber die Stadt ist, wenige Strassen, wie die charakteristische Kneiphöfische Landgasse oder den ächthanseatischen Löbenicht, ausgenommen, weit entfernt, das originelle Gepräge Danzig's oder Lübeck's zu erreichen. Unser Landungsplatz am Pregelquai führte uns gleich so ziemlich in den lebendigsten Theil der Stadt, in die Nähe der Börse, wo Königsberg dem Fremden, zumal dem Binnenländer, unstreitig am meisten imponirt. Eine Dampfschiffahrt hat, vor allen übrigen Arten zu reisen, den Vorzug, dass man, weder ermüdet noch bestäubt, weder hungrig noch durstig, sogleich aufgelegt ist zum Schlendern und zum Beschauen. Wir suchten jetzt nur einen Ort, unsere Ränzel abzulegen, um dann sogleich unsere Promenade zu beginnen. Jedoch ein solcher Ort war nicht so rasch zu finden. Alles war besetzt, man forderte unverschämter Weise für ein Nachtlager einen Louisd'or, denn übermorgen sollte des Königs Einzug sein, und ohne den glücklichen Zufall, der einen Freund in meine Arme führte, hätten wir wohl sämmtlich unter Gottes freiem Himmel campiren können.

»Mein Gott!« rief unser Elbinger Freund aus, »ich kenne Königsberg nicht wieder! Die Menschheit hier hat sich mindestens verzehnfacht, und zum Ueberfluss ziehen auch noch die Wälder in die Stadt, die engen Strassen noch enger zu machen. Kinder, ich fürchte, hier wird's viel Gedränge, wenig zu essen und am Ende eine ungeheure Zeche geben.« Wir begannen nun unsere Promenade und gingen über die grüne Brücke in den sogenannten Kneiphof, ein Stadttheil, der zwischen zwei Pregelarmen eine Insel bildet und ausser manchen alterthümlichen Häusern den Dom, die Universität, den Junkerhof und das Kneiphöfische Rathhaus umschliesst. In beiden letztern Gebäuden befinden sich sehenswerthe Säle im Roccocostyl. Wir hielten uns aber für jetzt hier nicht weiter auf, sondern suchten über das schlechte Pflaster eiligst hinweg das Schloss zu erreichen, um von dessen fast 300 Fuss hohem Thurme zunächst

Hafen mit Speichern.
Seite 50/51: Altes Brückenzollhäuschen am Pregel.

eine Uebersicht über Stadt und Umgegend zu gewinnen. »Königsberg,« nahm unser Elbinger Freund wieder das Wort, »ist wie Rom auf sieben Hügeln erbaut und auf dem höchsten derselben liegt, wie billig, das Schloss.

Die Stadt ward, wie Sie wissen, im Jahr 1255 durch *Ottokar König von Böhmen* im Walde Twangste gegründet und im Jahr 1257 ward auch von ihm der Grund zu diesem confusen colossalen Gebäude gelegt, welches nach jeder Seite hin dem Beschauer ein anderes Gesicht zeigt und die Bauart von fünf Jahrhunderten repräsentirt. Die Nordseite, besonders jene Hälfte, worin sich die Zimmer des geheimen Archivs befinden, ist die merkwürdigste, indem sie fast noch unverändert so erhalten ist, wie sie vom deutschen Orden erbaut wurde. Eine genaue Erzählung, wer dann später dies Stück und jenes Ende angebaut habe, erlassen Sie mir gütigst, oder wenn es Sie interessirt, so schlagen Sie gefälligst *Dr. Faber's* höchst gründliche Geschichte und Beschreibung von Königsberg nach.

Ich meines Theils fühle mich nur gedrungen, Sie noch auf den westlichen Flügel aufmerksam zu machen, der, was die originelle Verwendung seiner grossen Räumlichkeiten betrifft, wohl schwerlich seines Gleichen haben möchte. Die unterirdischen Gewölbe nämlich dienen zu einem Weinkeller, auf diesem ruht die Schlosskirche, und hoch über den Gewölben derselben befindet

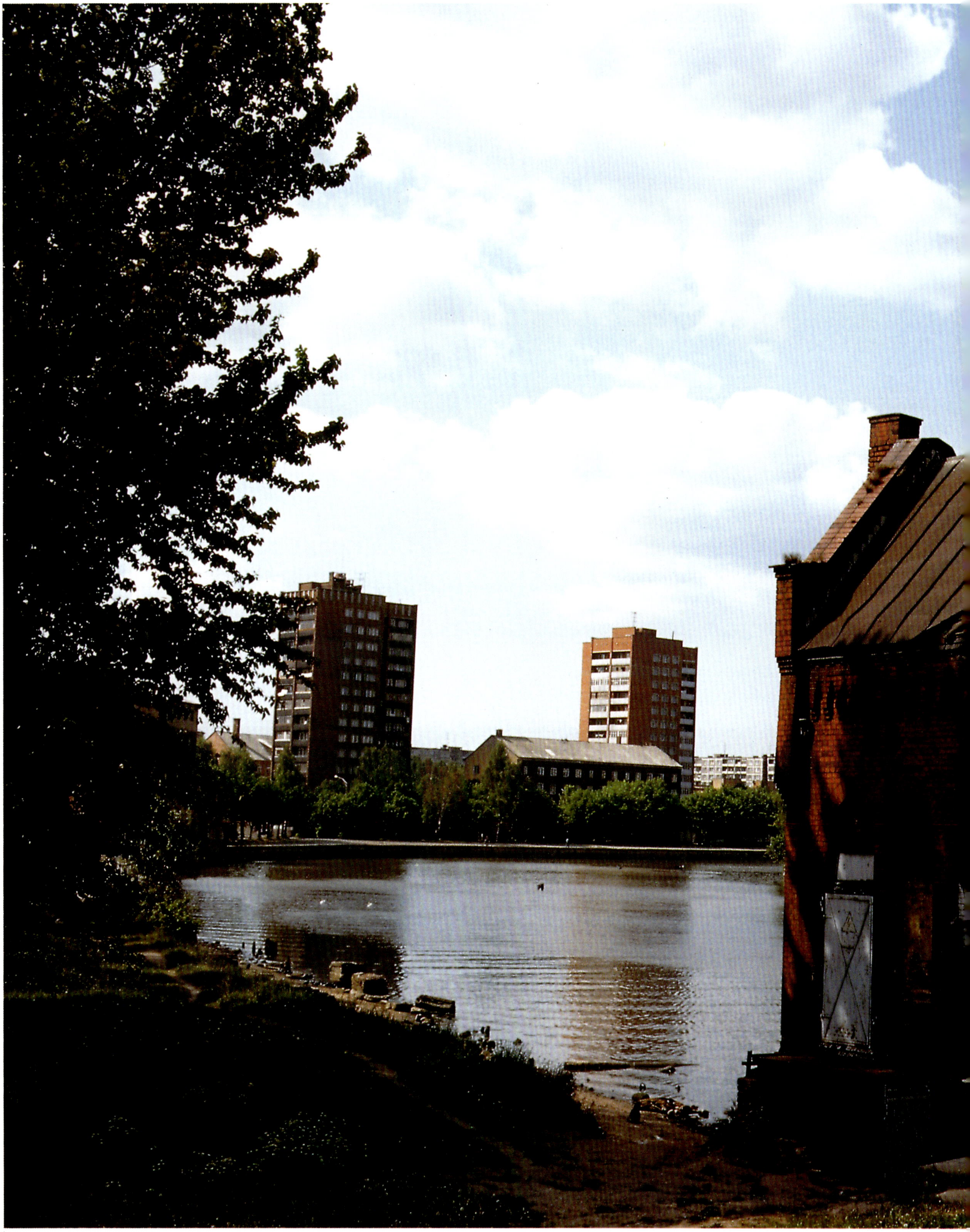

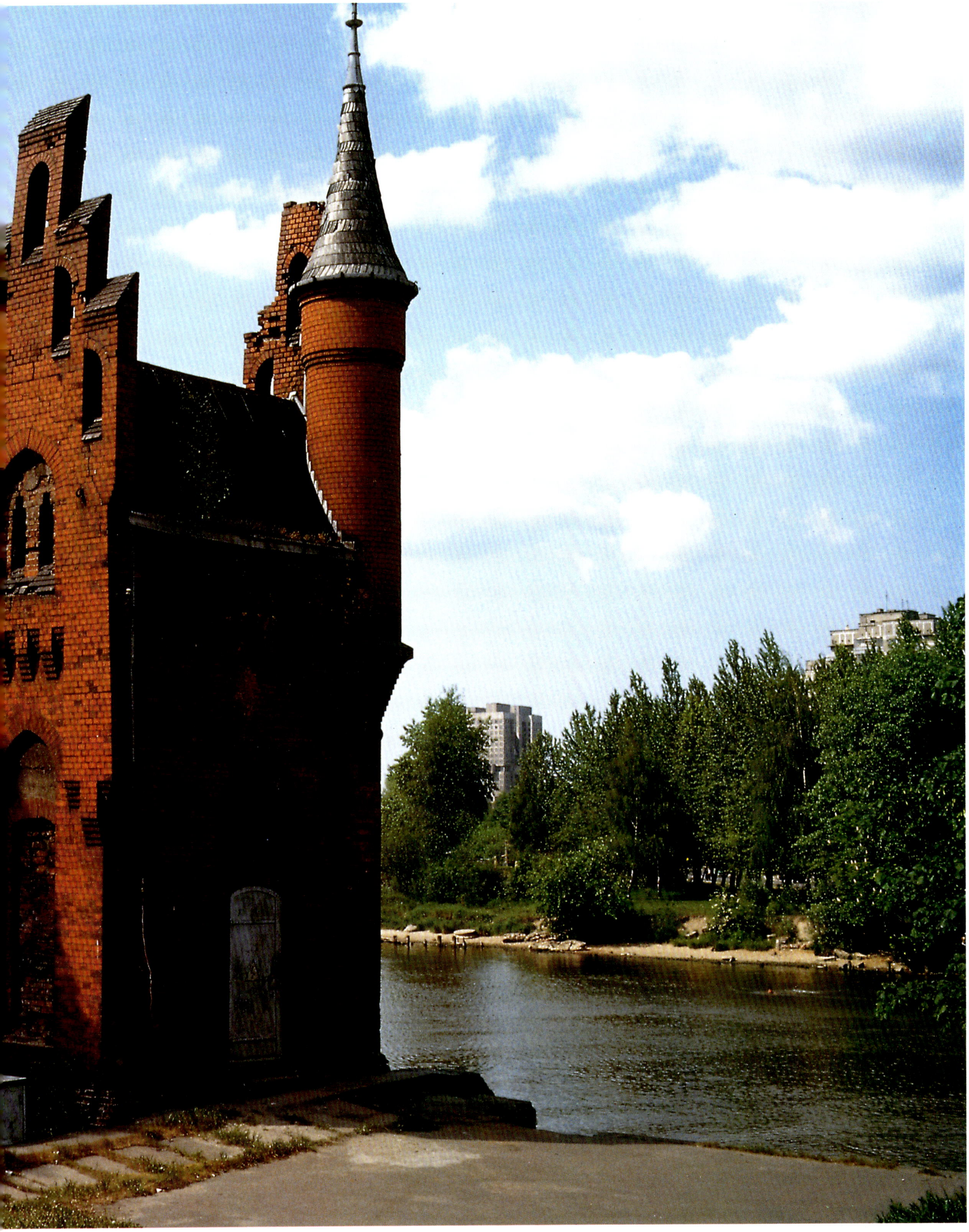

Markt am Pregel.

sich ein Tanz- und Ball-Local, der Moskowitersaal. Dort, im südlichen Flügel, befindet sich die Wohnung des Ober-Präsidenten *v. Schön,* eines Mannes, der die höchste Verehrung des ganzen Landes besitzt und im höchsten Masse verdient. Die anderen Theile enthalten ausser den Geschäfts-Localen der Regierung und des Consistoriums die königlichen Gemächer, die aber, aufrichtig gesagt, kaum die Mühe des Beschauens lohnen, und daher füglich unberücksichtigt bleiben.

Ich möchte bei Beschauung des Schlosses am liebsten wieder meiner alten Neigung zur Gründlichkeit folgen und zuerst in die Tiefen des Blutgerichts hinabsteigen. Aber, das ist gefährlich! Denn das Blutgericht ist ungeachtet seines schauerlichen Namens nichts Anderes, als eine gar trauliche Cabinetsbibliothek der edelsten Blutstropfen, die der Weinstock jemals vergossen, und Kenner, wie wir, laufen Gefahr, sich so darin zu vertiefen, dass sie sich nicht wieder an's Tageslicht finden. Drum schnell die Höhe gewonnen! Schnell auf den Thurm!« Eine fast sechs Fuss lange Castellanstochter führte uns auf 255 Stufen hinauf. Oben pfiff der Wind bedeutend, aber die Aussicht nach allen Himmels-Gegenden und zumal die Uebersicht der zu unsern Füssen gelagerten Stadt, die, in Laub und Blumen fast eingehüllt, ein Bild des regsten Lebens bot, war lohnend und überraschend.

Die Schlosskirche hat wenig Merkwürdiges; man sieht hier die Wappen der 1701 vom *König Friedrich I.* creirten ersten Ritter des schwarzen Adler-Ordens aufgehängt. Der Moskowitersaal wurde der nahen Huldigung wegen neu hergestellt und sah fürchterlich zerstört aus. Es ist ein ungeheurer Raum von 150 Schritt Länge und 33 Schritt Breite. Die Höhe ist verhältnissmässig sehr niedrig und beträgt kaum 19 bis 20 Fuss. Nun stiegen wir, weil's Abend werden wollte, in's Blutgericht hinab. Welch' Leben, welch' Gewühl war hier! Man sah nur heitre selige Gesichter! Schon in der Vorhalle trafen wir Freunde, die die Sorgen des Lebens auf Champagner-Propfen an die Decke schnellten. Ein Fass war der Tisch, und Fässchen dienten als Stühle.

Wir aber forschten nach tiefster Spur und stiegen in's eigentliche Verliess hinab, das, von der Treppe überschaut, einen höchst eigenthümlichen Eindruck macht. Aeltere Leute scheuen die Temperatur hier als feucht und kalt, und so sind denn die langen Tische meist nur von der frohen, das Romantische liebenden Jugend besetzt. Mächtige Fässer decken den Hintergrund und die vom Gewölbe herabhängende Tag und Nacht brennende Lampe giebt der immer belebten Scene eine wahrhaft Rembrandt'sche Beleuchtung. Wer aber malt unsere Freude und unser Erstaunen, als wir die Leidensgefährten, die wir noch gefangen glaubten, hier in traulicher Runde beisammen fanden? König *Friedrich Wilhelm's IV.* Amnestie hatte sie alle dem Leben wieder gegeben, und beim edlen Rheinwein feierten sie nun hier das Fest ihrer Auferstehung, mit Jubel und Gesang. Der Kreis erweiterte sich, Guitarren wurden herbeigeholt, Solo-, Quartett- und Chorgesang wechselten mit einander, hallten herrlich wieder in dem hohen Gewölbe und die Freude erreichte den Gipfel. Da schlug einer der Freunde eine Wasserfahrt beim Mondenschein auf dem herrlichen Schlossteich vor, die mit stürmischem Beifall angenommen wurde. Just als es 9 Uhr schlug und von der Gallerie des Schlossthurms nach guter alter Sitte die Melodie eines frommen Liedes geblasen wurde, ordneten wir unsern Zug im Schlosshofe.

Wir waren durch den östlichen Flügel des Schlosses an der Hauptwache und der Statue *Friedrich's I.* vorbei in die Französische Strasse gezogen, von wo wir durch das Haus eines Freundes auf den Schlossteich gelangten. Was wäre Königsberg ohne seinen Schlossteich? Dieses stille grüne Gewässer, das auf höchst anmuthige Weise von hohen ehrwürdigen Linden und Kastanien, freundlichen Gärten, Altanen und Lauben eingeschlossen ist, weckt und nährt zum guten und besten Theil die zarten und poetischen Gefühle der Bewohner Königsberg's. Hier liegt eine kleine warme Gemüthswelt mitten in der grossen kalten Region des Verstandes. Hier erhält an schönen Sommerabenden der Nordbewohner eine leise Ahnung von dem Leben im Süden. Hier schwärmen die Verliebten; hier schwimmen Schwäne; hier scheint der Mond am schönsten; hier jagen Königsberg's Lyriker nach Bildern und Gedanken.

Am andern Morgen in aller Frühe umkreisten wir Königsberg auf seinen herrlichen Wallpromenaden, und schlenderten unter schönen Alleen von Linden, Quitten, Pappeln und Buchen fröhlich dahin. An der Sternwarte, der Werkstätte des grossen *Bessel*, die auf dem höchsten Punkte des Walles liegt, überraschte uns eine herrliche Aussicht. Wir überschauten hier den belebten Pregel in allen seinen Windungen bis zum Haff. Da zum morgenden Einzuge des Königspaares nun schon alles festlich bereit war, so zogen wir vor, unsere Promenade durch die Stadt diesmal am Brandenburger Thore zu beginnen und so den mit Blumen und Guirlanden aller Art geschmückten Weg bis zum Schlosse zu verfolgen. Dieses

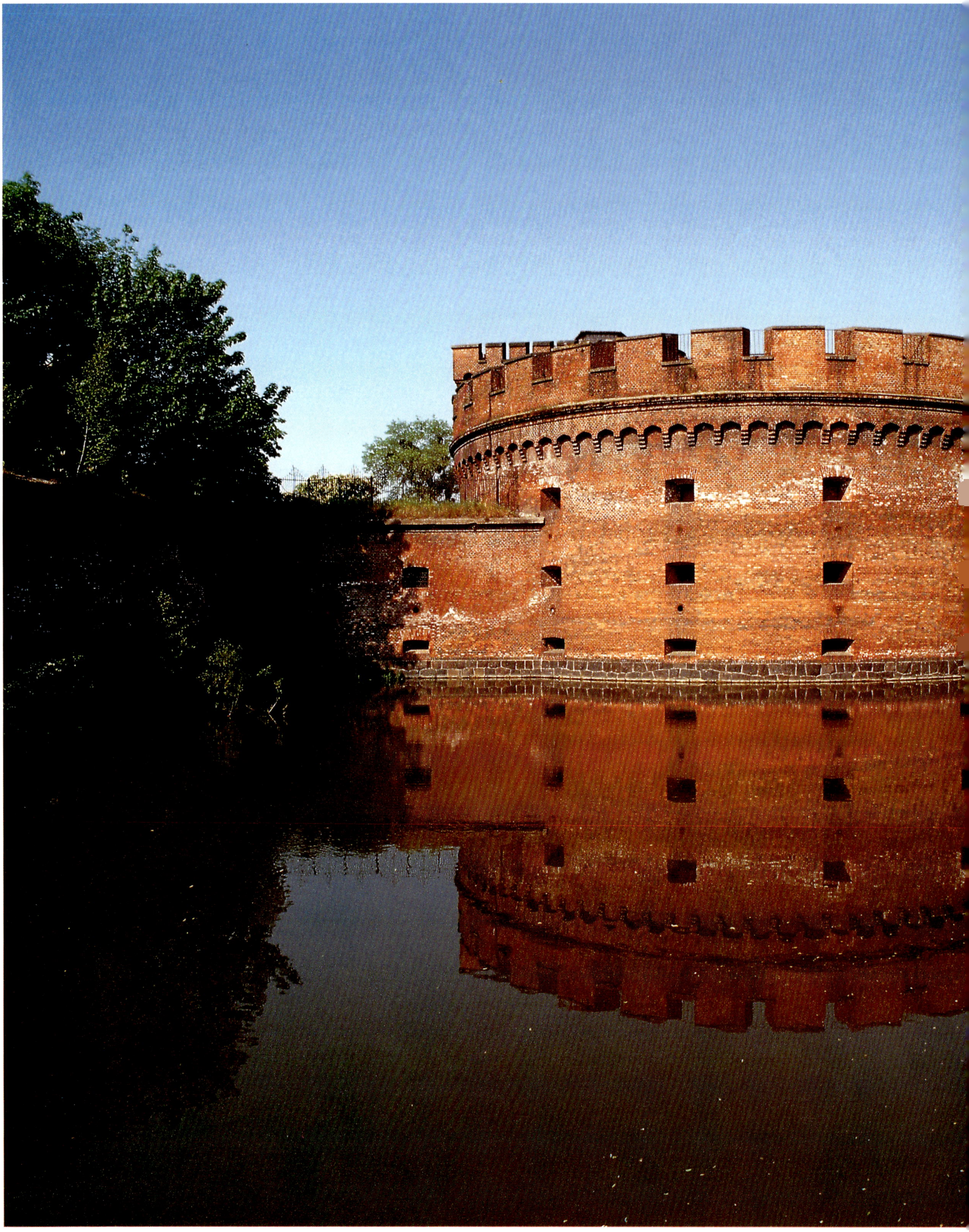

Generalfeldmarschall Friedrich Graf zu Dohna (1784–1859) war Namensgeber für den mächtigen Rundturm Dohna, der zwischen 1840 und 1850 erbaut wurde. Heute beherbergt der Dohnaturm ein Bernsteinmuseum.

Königsberger Brandenburger Thor war dem berühmten Berliner durch allerlei Decorationen täuschend ähnlich gemacht und gewährte, zumal in der Ferne, einen überraschenden Anblick.

Ueber den sogenannten Haberberg, eine Strasse, die aus lauter militairischen Gebäuden besteht, gelangten wir nun an der Haberberger Kirche vorbei in die breiteste und stattlichste Strasse Königsberg's, in die Vorstadt. Sie hat sehr schöne Häuser aufzuweisen und ist sehr belebt, hauptsächlich ist sie der Mittelpunkt des Verkehrs der Juden, deren recht hübsche Synagoge sich auch hier befindet. In der Nähe der Haberberger Kirche wurden wir auf eine Pumpe aufmerksam gemacht, die die abenteuerlich bunte Figur des Schusters *Hans von Sagan* trägt, welcher, der Sage nach, im Jahr 1370 die schon weichenden Ordensritter durch sein kühnes Ergreifen der Fahne zum Siege führte.

Durch das grüne Thor, dessen hübschen Thurm wir schon immer vor Augen gehabt, traten wir nun in die Kneiphöfische Langgasse, die noch am meisten ihre originelle Eigenthümlichkeit bewahrt hat. Die hier durchgängig an allen Häusern befindlichen, mit Gittern und Bildhauerarbeiten verzierten balkonartigen Vorsprünge heissen hier Wolmen, die bei schönem Wetter, zumal im Sommer, förmlich das Familienzimmer bilden und zum Kaffeetrinken, Lustwandeln, Plaudern und Bekritteln der Vorübergehenden benutzt werden. Diese Strasse, auf so italienische Weise meist von Damen, und oft von schönen, belebt, gewährt dem Fremden ein überraschendes Bild.

Wir gelangen jetzt auf den mit Bäumen und Blumenbeeten geschmückten altstädtischen Kirchenplatz, dessen Hintergrund eine Reihe nicht bedeutender Giebelhäuser bildet, über welche das Schloss imponirend hervorragt, und wenden uns dann nach dem Löbenicht. Diese Strasse zeichnet sich durch ihre 6–7 Stock hohen Giebelhäuser und durch ihr düsteres fast beklemmendes Aeussere aus. Rasselnde schwere Brauerwagen und ein süsser Malzgeruch kündigen sie als den Sitz der einst ihres Bieres wegen sehr berühmten Löbenicht'schen Brauer an.

Wer Königsberg genau besehen will, wie dies unsere Absicht war, der wird finden, dass die Ausdehnung der Stadt nicht geringe und das Sehenswerthe darin nicht auf einen engen Raum zusammen gedrängt ist. Wir wollen deshalb auch den Leser nicht mehr mit Aufzählung der vielen Strassen und Gassen ermüden, sondern uns möglichst kurz auf die Sehenswürdigkeiten selbst beschränken.

Wir begaben uns jetzt nach den zahlreichen grossen Speichern am Pregel und gelangten über die Insel Venedig (auch Klapperwiese genannt) in den Philosophengang, der ein Lieblingsspaziergang *Kant's* war, und von *Hippel*, als Königsberger Stadtpräsident, angelegt worden ist. Später verfehlten wir auch nicht, in der Prinzessinnenstrasse im Vorbeigehen das einstöckige gelbe Häuschen zu betreten, welches über der Hausthür die Inschrift trägt:

*Immanuel Kant wohnte und lehrte hier
von 1785 bis 12. Februar 1804.*

Jetzt wohnt ein Zahnarzt in dem Hause und hart daneben ist eine Badeanstalt, die uns gute Dienste that. Sind in einer Stadt auch keine an sich bedeutende und merkwürdige Gebäude vorhanden, so ist es doch üblich und auch wohl nicht mehr als Schuldigkeit, dass der Fremde diejenigen, die nun einmal die bedeutendsten und merkwürdigsten im Orte sind, gehörig in Augenschein nehme.

So besahen wir denn auch den Dom, der im Jahr 1333 im einfachen gothischen Style ohne alle Arabeskenverzierung zu bauen angefangen worden ist. Man sieht dem Gebäude an, dass es später an Sinn und Mitteln fehlte, das Werk so solide zu vollenden, als es begonnen war. Von den beiden Thürmen, die den Dom schmücken sollten, ist nur der eine im Bau begonnen und später gewaltsam zugespitzt und vollendet worden, so dass die Höhe des Thurmes durchaus in keinem Verhältniss zu der beträchtlichen Länge und Breite des Domes steht. Das Innere dagegen imponirt sehr. Die Gewölbe sind kühn und hoch, und eine schöne Pfeilerperspective, die bis zum Altar geht, bietet sich den durch das etwas niedrige Portal Eintretenden überraschend dar. Eine höchst malerische Beleuchtung erhält das Gebäude durch die bunten Glasscheiben. Unter den vielen Holzsculpturen sind manche werthvoll und näherer Betrachtung würdig. Schade nur, dass die Kirche, wie die meisten protestantischen in Deutschland, mit Familiengrabmälern und prunkenden Inschriften überladen ist.

Wenn man auf dem Domplatze steht, gewahrt man rechts vom Dom eine Pappel-Allee und links eine Mauer mit zwei halbverwitterten Steinportalen, über welche hohe, prächtig gewölbte Linden hervorragen. Hier ist der Eingang zur Albertina, zur Universität. Es sind alte baufällige Gebäude, in denen sich die Hörsäle befinden, und über kurz oder lang möchten wohl Neubauten durchaus nothwendig werden. Hart an den Dom schliesst sich die Stoa Kantiana, ein gewölbter, nach vorne offener Gang, in welchem *Immanuel Kant* begraben liegt. Wer nun noch Zeit und Lust zu wissenschaftlichen Anschauungen und Vergleichungen hat, der versäume nicht das zoologische Museum, den botanischen Garten und die Bibliothek näher in Augenschein zu nehmen.

Gurkenmarkt.
Seite 58/59: Das Brandenburger Tor zeichnet sich durch seine mit Krabben und Kreuzblumen besetzten Spitzgiebel aus.

Schliesslich sei nun noch des am Königsgarten gelegenen Theaters gedacht. Es ist mit seiner langgestreckten fensterlosen Fronte ein curioses Gebäude, das man eher für einen Reitstall, der Licht von oben erhält, als für ein Theater halten könnte, welches Licht und Aufklärung nach unten verbreiten soll. Die Anordnung des Innern ist dagegen stattlich und fast prächtig zu nennen. Eine seltsame Einrichtung aber ist, dass die königliche Loge den höchsten Civil- und Militair-Beamten freien Zutritt gewährt und dass der Staat hierfür nicht etwa der Direction, sondern den Actionairen eine Entschädigung zahlt. Wir besuchten das Theater selten, sondern brachten unsere Abende, wenn wir nicht in Privat-Cirkeln waren, entweder im Café national am Paradeplatz, oder im Café Siegel in der französischen Strasse zu, allwo wir zu jeder Zeit gute wohlunterrichtete Gesellschaft, zahlreiche Journale und gute Bewirthung fanden.

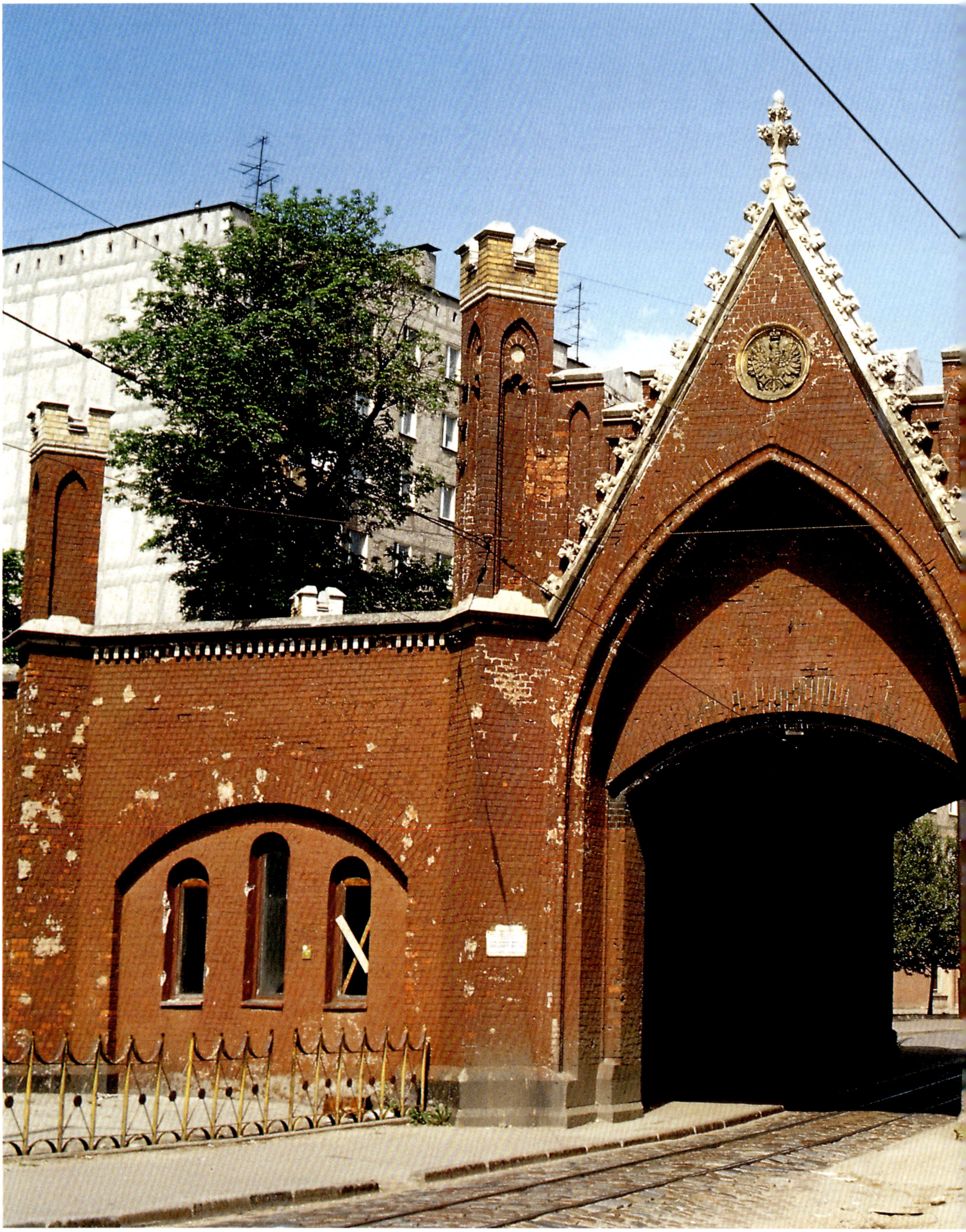

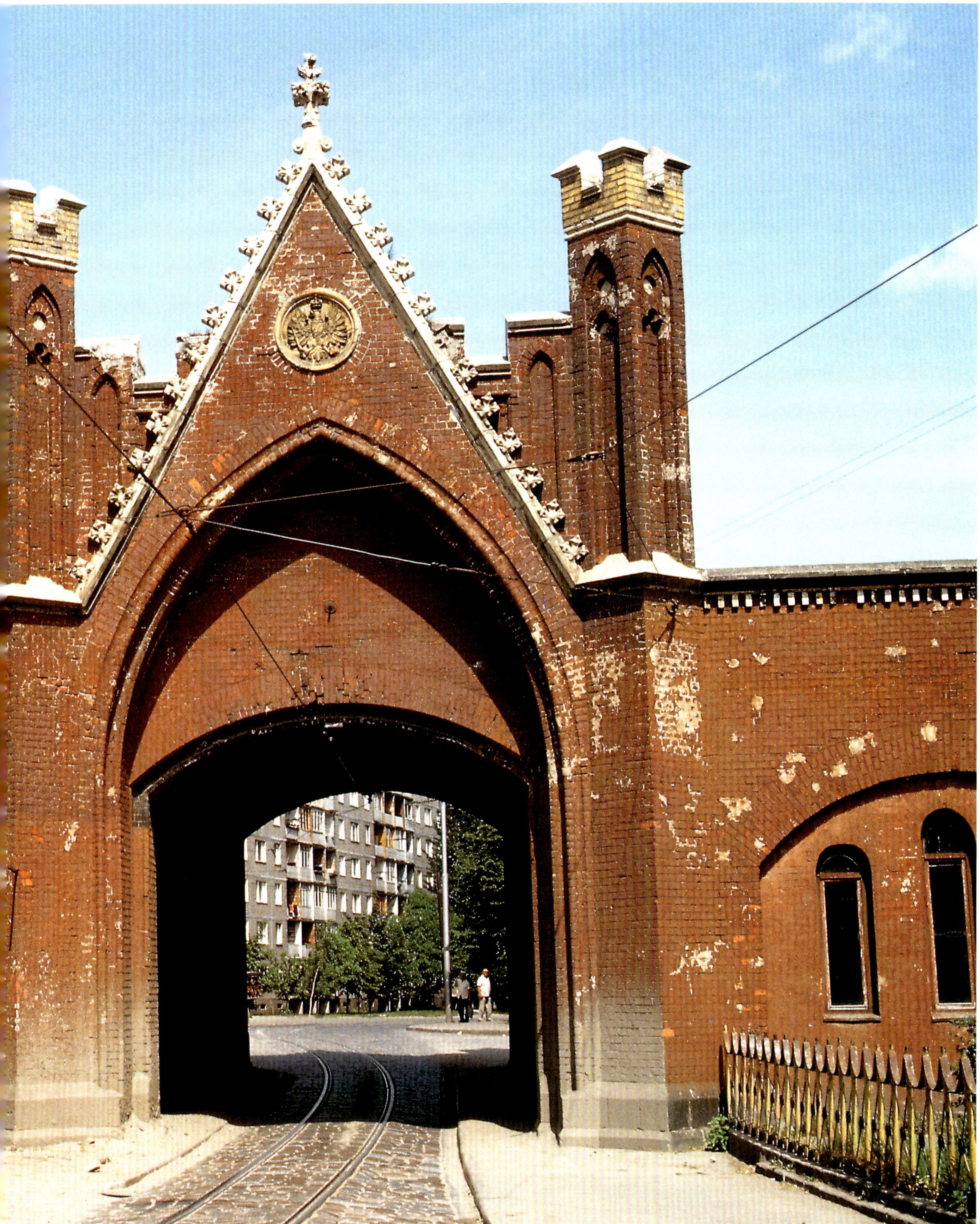

Die Börse am Ufer des Pregel wurde 1870/1875 im Stil der florentinischen Renaissance errichtet.
Seite 62: Die 1924 zu Ehren von Kant erbaute Ehrenhalle über der Gruft.

So weit von Königsberg. Schade, dass Plan und Raum dieses Werks nicht gestatten, von der Huldigung, von jenen Tagen des höchsten Glanzes und der freudigsten Hingebung und Hoffnung, ausführlich zu reden! Der nicht genug zu lobenden Gastlichkeit und Zuvorkommenheit der Königsberger hatten wir es zu danken, dass wir als Fremde aus weiterer Ferne besonders berücksichtigt wurden, zu allen Festlichkeiten bereitwilligst Zutritt erhielten, und dadurch Gelegenheit fanden, ausgezeichnete und merkwürdige Männer, wie *Schön, Humboldt, Dunin, Hatten, Brünneck, Wegnern, Bessel, Jacobi, Auerswald* u. A. häufig zu sehen und zum Theil näher kennen zu lernen.

Als etwas grausenhaft Romantischen aber muss ich hier noch jener von den Zeitungen nicht besprochenen Unterbrechung des Huldigungs-Actes gedenken. Ein wahnsinniges Weib schrie nämlich plötzlich aus einem vergitterten Fenster des Erdgeschosses im Schlosse, just als der Kanzler *v. Wegnern* die Stände zum Schwur aufrief und die lautloseste Stille herrschte: »Schwöret nicht, schwöret nicht, schwöret nicht den Königen der Erde, sondern nur dem Herrn der Könige und der Dreieinigkeit!« Die Störung ward rasch unterdrückt, das Fenster zugeschlagen, und das Weib, wie man sagt, eine Muckerin, entfernt.

Wilhelm Cornelius

SIEBEN HÜGEL, SIEBEN BRÜCKEN UND DIE LINIE SIEBEN

Vorsichtig fuhr der Kutschwagen den Hang der alten Burg hinunter, in der wir gewohnt hatten. In etwas schnellerem Tempo ging es dann über ein uns Heutigen wohl kaum noch vorstellbares Katzenkopfpflaster durch die Burggasse zum stillen Sandweg am Friedhof, auf dem meine Mutter ruhte. Damit waren wir auch schon am Stadtrand von Rößel angelangt, das wir nun verlassen mußten. Wo die Chaussee nach Bischdorf begann, warfen Konfirmandinnen und Mädchen der Schule, die mein Vater gegründet hatte, Blumen in den Wagen. An weiteres erinnere ich mich nicht, auch nicht an die Eisenbahnfahrt.

Aber dann: Königsberg und der Südbahnhof! Ich sah zwischen einer mir gewaltig vorkommenden Menschenmenge den ersten preußischen Schutzmann in seiner blauen Uniform und mit seiner Pickelhaube. Er verteilte blanke Nummernschilder, auf denen die Zahl für unsere Pferdedroschke stand. Ein Gepäckträger verstaute die Koffer, mein Vater fuhr mit einer »Elektrischen« zu seiner neuen Wirkungsstätte voraus und wir, das heißt unsere alte Erzieherin, mein Bruder und ich, hielten so Einzug in das mir riesenhaft erscheinende Gewirr von Straßen und Brücken, von denen ich aber nicht viel wahrnahm, weil ich vom Abschiedsschmerz noch immer benommen war.

Doch, eine Sache fiel mir bei dieser Fahrt schon auf: Der Wagen rasselte hier nicht und fuhr manchmal lautlos; da hörte man nur das Klopfen der Pferdehufe. Das war die Wirkung des neuartigen Holzpflasters, womit man in Königsberg – etwa vor Krankenhäusern, Kirchen und Schulen – Versuche zur Abstellung des Wagenlärms machte. Auch die Münzstraße, die wir durchfuhren, besaß diese märchenstille Pflasterung, ebenso wie die Burgstraße, in der wir in einem sogenannten »Chambre garnie« (so sagte man damals) vorläufig Quartier nahmen. Nach dem Abendbrot gingen wir noch spazieren, ein paar Schritte nur, um die Ecke herum ein Stückchen die Große Schloßteichstraße bergab. Da geschah es, das Wunder der großen Stadt. Schwarzes Wasser sah ich vor uns und eine schmale Brücke darüber und längs der beiden Geländer weiße, nein, gleißende Bogenlampen. Wie große Monde hingen sie in der Luft, blendeten wie die Sonne, wenn man hineinblickte, und färbten die Gesichter der eilenden Menschen darunter sonderbar bleich. Alle waren verzaubert, alles war verwandelt.

Unsere Hausdame erzählt, wie schön das hier am 1. Mai wäre, wenn alle Studenten in ihren Trachten die ganze Nacht über auf den mit Lampions geschmückten Booten singend auf dem Wasser umherfuhren. Aber auch Schreckliches sei hier geschehen, beispielsweise Anno 1861. Unser alter, guter König *Wilhelm,* der hernach deutscher Kaiser geworden, sei in den Tagen, als er hier in unserer Schloßkirche gekrönt wurde, zu seinem Spaßvergnügen auf diesem Teiche »Bootchen« gefahren (so drückte sie sich aus). Und da sei beim Durchfahren der Brücke die Menge so heftig von einem Geländer zum anderen gestürzt, um von der Gestalt des Monarchen nur ja nichts zu verpassen, daß ein Teil des Geländers gebrochen wäre. Viele, viele Menschen hätten einen traurigen nassen Tod gefunden.

Unter so makabrer Schilderung erfolgte mein Einzug in Königsberg im Juli 1903. Damals stand ich am Ende des siebten Lebensjahres.

Einundvierzig Jahre später sah ich die Brücke teilweise nun in Wirklichkeit im Wasser liegen. Sie war bei den Luftangriffen der letzten Nächte zerstört worden.

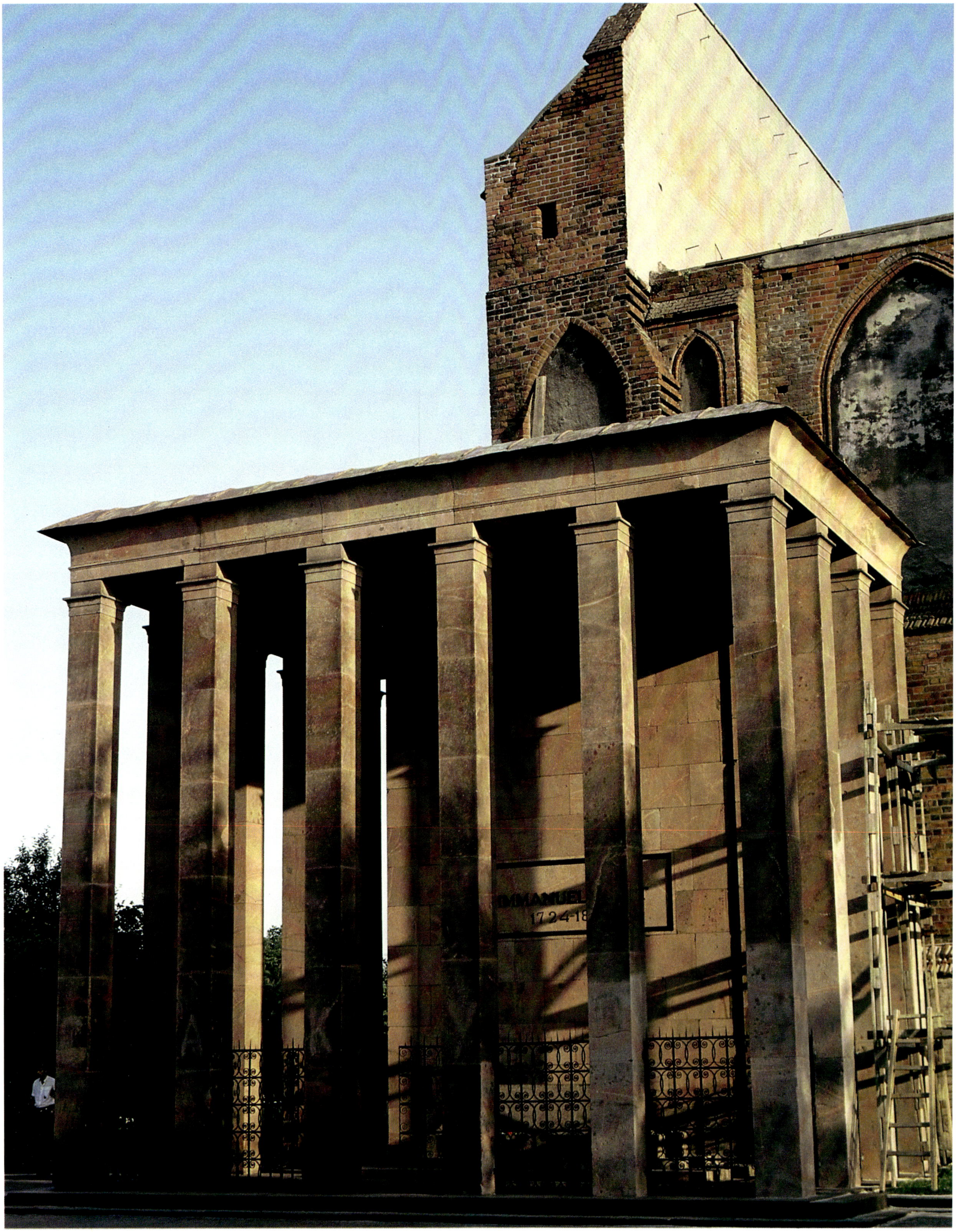
IMMANUEL

Ich war damals nach Königsberg zurückgekommen, um meinen Vater aus der bedrohten Stadt herauszuholen. Weil er nicht mehr gehfähig war, hatte ihn ein Rotkreuz-Auto zum Bahnhof gebracht. Ich selbst wanderte zum letzten Mal auf der schönen Promenade, die man in den vergangenen Jahrzehnten um den Schloßteich herumgeführt hatte, vom Carl-Götz-Heim an den Gärten der Kommandantur, der zerbombten Stadthalle, in deren Krohne-Saal wir uns so oft an Konzerten erlabt hatten, und an den Häusern hinter der Burgkirche vorüber langsam zum Schloßplatz. Welch eine Lebensspanne lag zwischen dem ersten kindlichen Blick auf die Brücke und diesem Abschied!

Unter den fünfzehn Straßenbahnlinien, die dem Königsberger Verkehr dienten, zeichnete sich die »Sieben« dadurch aus, daß sie unsere nun schon bedeutend ausgedehnte Oberstadt diagonal durchschnitt; sie fuhr vom nördlichen Stadtrand zum westlichen. Diese Linienführung gewährt uns heute eine unvergleichlich gute Gedächtnisstütze. Wir setzen uns in Gedanken in die gediegenen neuen Wagen dieser Bahn, und schon erhalten wir im Vorüberfahren die Stichworte für unsere Erinnerungen.

Das beginnt bei der Abfahrt an der Cranzer Allee, beim Überqueren einer Grünanlage, die zum Max-Aschmann-Park führt, einem herrlichen Gehölz, das wir lieber einen kleinen Wald hätten nennen sollen. Auf der kilometerlangen Allee, die nach dem alten Herzog *Albrecht,* und um die Kirche herum, die nach dem noch älteren König *Ottokar* benannt ist, fahren wir dann durch den repräsentativen Vorort Maraunenhof und gelangen an die vielleicht schönste Straße Königsbergs, an das Oberteichufer. Diese Straße zieht sich an den beiden nördlichen Ausläufern des Gewässers mit ihren schönen Gärten und Villen hin, ein »Harvestehuder Weg« im Kleinformat. Und wie auf der Alster fuhr man in meiner Kinderzeit dorthin mit einem Motorschiffchen; um an seine Anlegestelle in der Stadt gelangen zu können, hatte man in die Festungsmauer eine geheimnisvolle Pforte geschlagen.

Wir wollen nicht vergessen, daß Königsberg nur fünfundzwanzig Jahre vergönnt waren, sich zu der gepflegten Großstadt zu entwickeln, wie wir sie im Gedächtnis haben. Zwei Männern, die Königsberg damals aus der Rolle des altmodischen Provinzmädchens befreiten, wollen wir Ostpreußen daher auch nach dem Untergang und dem Tode der beiden dankbar bleiben. Es waren *Hans Lohmeyer,* unser Oberbürgermeister von 1919 bis 1933, der den frevelhaften Plan, das endlich eingeebnete Festungsgelände mit Mietskasernen zu bebauen, verhinderte, und *Ernst Schneider,* unser Gartenbaudirektor, der aus dem eben gewonnenen Riesenkomplex einen einzigartigen Grüngürtel mit Spiel- und Sportplätzen und Schwimmbädern schuf.

Zehn Minuten rauschender Fahrt unserer Bahn ohne Haltestellen, zur Linken immer das breite Wasser des Oberteichs, zur Rechten der Rosengarten, die neue Handelshochschule und die Kunsthalle am Wrangelturm: dann beginnt die eigentliche Stadt. Der Tragheim empfängt uns, unser Geheimratsviertel, wo selbstverständlich auch das Regierungsgebäude liegt, Amts- und Wohnsitz des Oberpräsidenten. Der letzte von ihnen in der Weimarer Zeit, *Ernst Siehr,* noch in altpreußischer Beamtenschule aufgewachsen, benutzte, wenn er in Urlaub ging, nicht mehr den Dienstwagen, um zum Bahnhof zu fahren, sondern nahm sich am Taxistand gegenüber eine Autodroschke. »Ferienreisen sind ja nichts Amtliches, nicht wahr?« meinte er erklärend. Lang, lang ist's her.

Die »Sieben« fährt weiter, vorüber an der Universitäts-Bibliothek und am Parkhotel, unserer modernsten Gaststätte, hineingebaut in den ehemaligen Börsengarten am Schloßteich. Daß die Straßenbahn sich dann durch eine enge und infolge zweier Kurven noch schwieriger zu befahrende Straße zum Paradeplatz schlängeln kann, verdankt sie ihrer Schmalspur, die für alle Königsberger Straßenbahngleise kennzeichnend war.

Der Paradeplatz, auch Königsgarten genannt, war ein Platz stolzer Würde; er konnte aber auch mit besonderer Schönheit erfüllt sein, etwa an einem Sonntagnachmittag zur Zeit der Kastanienblüte.

Er war das geistige Zentrum der Stadt. Hier standen unser altes Opernhaus und die nach Plänen von *Stüler* 1844 bis 1863 erbaute Neue Universität – unsere Albertina – sowie das berühmte, von *Christian Rauch* geschaffene *Kant*-Denkmal. Hier konnten die Studierenden sogleich, der Universität gegenüber, in Europas größtem Bücherhaus, in der schon in Königsbergs klassischer Zeit bestehenden Buchhandlung von Gräfe und Unzer, ihren Wissensdurst stillen; daneben, im Café Bauer, ihren leiblichen, aber auch den nach Neuigkeiten, denn es war ein Zeitungscafé. Von den zwei bedeutenden Blättern Königsbergs entstand die größere, die »Königsberger Allgemeine«, nur wenige Schritte vom Paradeplatz entfernt; die ältere, »Die Hartungsche«, Deutschlands zweitälteste Zeitung, weiterab im Löbenicht in der Unterstadt. »Das sind keine Provinz-Zeitungen«, sagte mein Verleger, als er sie durchgesehen hatte, »die haben ja Berliner Niveau.«

Inzwischen ist unsere »Sieben« trotz der allmählich wieder enger gewordenen Straße bis zum Hauptpostamt gelangt, während ich an der linken Fensterseite ein elegantes Wäschegeschäft der hier einmündenden Junkerstraße und den rückwärtigen Eingang zu einer beliebten Konditorei vorübergleiten sehe. Da kreischen auch schon die Räder in der scharfen Kurve zum Steindamm, und wir halten vor dem »Berliner Hof«.

Der Steindamm war die lebendigste Straße der Oberstadt, und die Stelle, wo wir uns jetzt befinden – rechterhand das Hotel und links an der Ecke Wagnerstraße der Filmpalast »Alhambra« – war ein Verkehrszentrum von Königsberg. Jeder Ortsfremde glaubte übrigens zunächst, daß die Wagnerstraße nach dem großen *Richard Wagner* benannt sei, der ja in der Tragheimer Kirche mit der Königsberger Schauspielerin *Minna Planer* getraut worden war. Die Straße hatte ihren Namen jedoch nicht nach dem Schöpfer des »Ringes«, sondern nach dem Schöpfer der ersten Universitätsklinik in der Drummstraße bekommen. Auch die Nicolaistraße gab den Uneingeweihten Anlaß zu Irrtümern. Sie verdankte ihren Namen dem Schutzpatron der uralten Steindammer Kirche, auf die sie zulief, und nicht dem großen Königsberger *Otto Nicolai,* dem Komponisten der unsterblichen Oper »Die lustigen Weiber von Windsor«, obwohl in dieser Straße lustige Weiber genug wohnten …

Wo der Steindamm endet und die »Hufen« mit einer breiten baumbestandenen Straße, dem Hansaring, beginnen, gerät unsere Bahn immer mehr zwischen amtliche und halbamtliche Gebäude: zur Linken Stadthaus, neues Rundfunkhaus und Staatsarchiv, zur Rechten die Hallen der immer größer und wichtiger werdenden Ostmesse, daneben unser Nordbahnhof sowie – nach der Kurve – Landgericht, Oberpostdirektion und Schauspielhaus. An den Nordbahnhof denken wir alle mit Sehnsucht zurück; die mit den Zügen aus den nahen Strandbädern abends Heimgekehrten brachten den frischen Hauch der Samlandküste mit. Vom schönen Samland, von der Kurischen Neh-

Die Burgkirche entstand 1701.
Seite 66/67: An der östlichen Schloßteichpromenade liegt die 1912 eingeweihte Stadthalle.

rung, von Bernstein und vom Bernsteinstrand handelten denn auch viele Rundfunksendungen, die im sachlich-modernen Bau des Funkhauses, dem Bahnhof gegenüber, aufgenommen und von einem der Sendesäle ins Reich ausgestrahlt wurden.

Das Schauspielhaus bildete den architektonischen Abschluß des Hansarings, zugleich einen guten Blickfang. In diesem Haus, einer geglückten Umgestaltung des früheren Luisentheaters, wo man Operetten spielte, und später der Komischen Oper, war ich fünf Jahre als Dramaturg tätig. Und wenn *Fritz Jessner,* der Intendant, nach der Rückkehr von einer Reise meine »Tropfsteinhöhle« betrat (»Tropfsteinhöhlen« hatte *Hugo von Hofmannsthal* die Zimmer der Dramaturgen genannt, nach den täglich neu hereintropfenden Manuskripten) und frohgestimmt ausrief: »Sie wissen gar nicht, welch unverschämt guten Ruf wir draußen haben«, dann teilte ich seine Freude schon deshalb, weil wir ja unter allen Umständen den gleichen hohen literarischen Rang halten mußten, den vorher das kleine tapfere Privattheater innegehabt hatte, aus dem das Haus

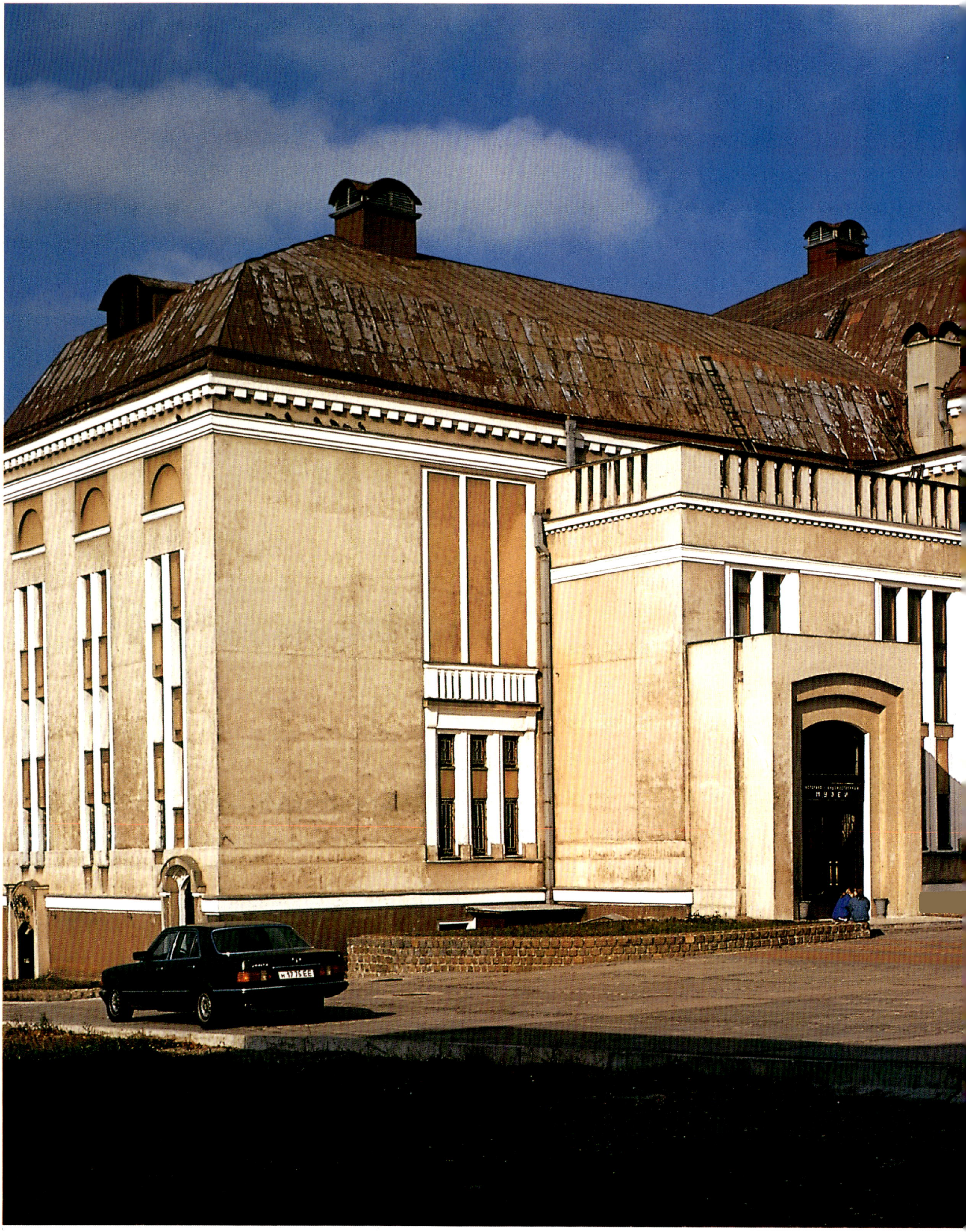
МУЗЕЙ

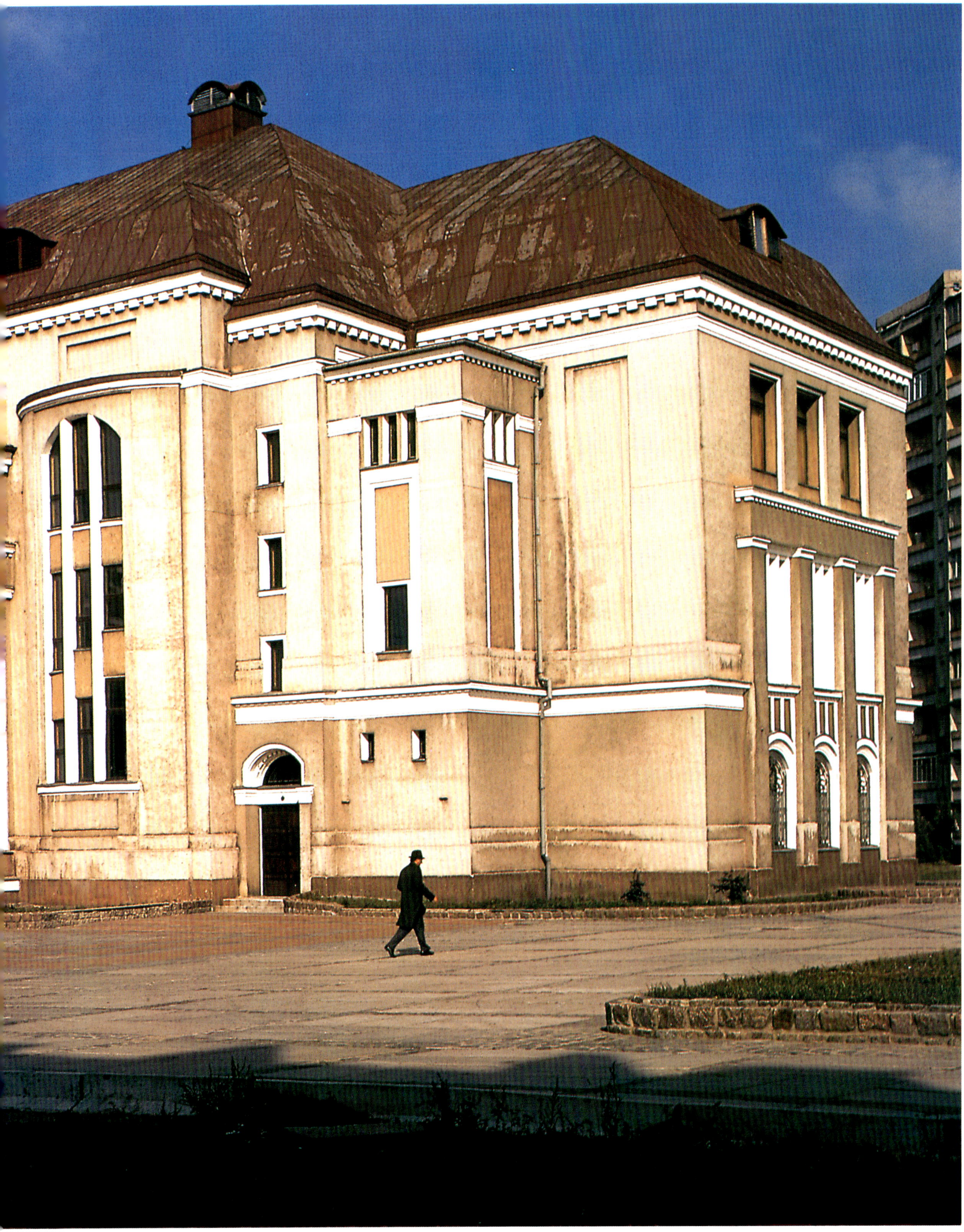

Die unter Herzog Friedrich erbaute Schloßkirche ist vom Stil der Renaissance geprägt. Die zuerst einschiffig angelegte, mit einer Holzdecke und Malereien geschmückte Schloßkirche, war schlicht, doch würdig.

Auf den Hufen hervorgegangen war: das Neue Schauspielhaus in der Roßgärter Passage.

Unsere Bahn fährt immer weiter in westlicher Richtung, jetzt eine erhebliche Strecke am weiten Gelände des *Walter-Simon*-Platzes mit dem Denkmal des Feldmarschalls *Yorck* entlang. *Walter Simon,* der unserer Stadt diesen Platz mit Baumbestand und mehreren Sport- und Spielplätzen geschenkt hatte, war der wohlhabendste Bürger von Königsberg gewesen, wohnhaft in der Coppernicusstraße in seinem im Stil einer italienischen Villa erbauten Haus. Der kränkelnde Wohltäter und Sonderling hielt vom Nachruhm nicht viel. Einmal sagte er: »Nun ja, man hat den Platz nach mir benannt, aber was gilt das schon? Spätestens zwanzig Jahre nach meinem Tode wird man mich vergessen haben.«

Ein noch größeres Gelände beherbergte unseren Tiergarten. Die Stadt hatte hier reizvolle Anlagen geschaffen, wobei die Landschaft, zu der eine Schlucht mit einem Bach gehörte, diesem Beginnen auf natürliche Weise zu Hilfe kam. In der Schlucht wurde ein Freiluft-Museum aufgebaut. Oberhalb der Schlucht lag der eigentliche zoologische Garten mit den Bauten für die Tiere, es gab dort einen Aussichtsturm, ein

Restaurant und sogar eine Konzerthalle. (*Reinhardt* führte dort einmal gastweise »König Ödipus« mit dem jungen *Paul Wegener* auf.) Uns Kinder aber zog es zu Jenny hin, einer in der ganzen Stadt beliebten sanften Elefantenkuh, auf der man über die Parkwege des Gartens reiten durfte. Ein dritter Platz mit starker Anziehungskraft war der Park Luisenwahl auf den Hufen. Hier sprang der Hufen-Freigraben als munteres Gebirgsbächlein durch eine noch ausgedehntere Schlucht. Einst Erholungsstätte der Königin *Luise* während ihrer schweren Königsberger Zeit, in meiner Jugend vor allem mit Jubelgeschrei erfülltes Rodelparadies, soll Luisenwahl jetzt ein sicherlich ebenso geräuschvoller Kulturpark geworden sein.

Gedanken sind flinker als Straßenbahnen; sie eilen jetzt unserer »Sieben« voraus. Luisenkirche und Amalienau, das Viertel der großen Villen mit gepflegten Gärten rechts von der Lawsker Allee, Korinthenbaum und Sankt-Adalbert-Kapelle wechseln sich gedankenschnell ab; dann geht es über Ratshof zum Bahnhof Juditten, unserer Endstation. Der Fahrgast vermag manches nicht wahrzunehmen, weil ihm die Sicht versperrt wird. Aber die Phantasie kennt solche Schranken nicht. Sie sieht auch die Friedhöfe an der alten Pillauer Landstraße, in der Ferne Hammerkrug und Hammerschmiede, Zwillingssee, Hammerteich und die Kunstakademie mit dem Ratshöfer Park: allesamt kleine Juwele der Landschaft und alter oder neuer Architektur, abseits vom Schienenweg.

In Juditten wandern wir zum Theodor-Krohne-Wäldchen, das etwa dem Aschmann-Park zu Beginn unserer Fahrt entspricht. Doch vorher werfen wir noch vom Juditter Friedhof, einem fast südländisch wirkenden Aussichtspunkt zwischen Grabdenkmälern und Lebensbäumen, einen Blick auf die Kirche, eine der ältesten in Ostpreußen. Im Predigerhaus wuchs *Johann Christoph Gottsched* auf, der Reformator der deutschen dramatischen Kunst, der, wie der Gelehrte *Ludwig von Baczko* schreibt, ebenso »gehuldigt und vergöttert wie nachher aufs äußerste gemißhandelt wurde«. Die beiden Namen mögen wieder stellvertretend für alle Königsberger Künstler und Dichter stehen, aber auch für Staatsmänner und Politiker, die durch ihr Wirken Deutschland weiterhalfen.

Alte Heimatstadt, starker Pfeiler des großen Brückenbogens von West nach Ost, Stadt der Musik und der Sonderlinge, der Rotweinstuben und des Marzipans, der hellen Frühsommernächte und der friedlichen Oktobertage, Stadt der Lebensarbeit meines Vaters und vieler sehr lieber Freunde – geliebte Stadt Königsberg, du sollst unvergessen sein.

Martin A. Borrmann

Die Fachwerkspeicher entstanden zwischen dem 16. und 19. Jahrhundert.

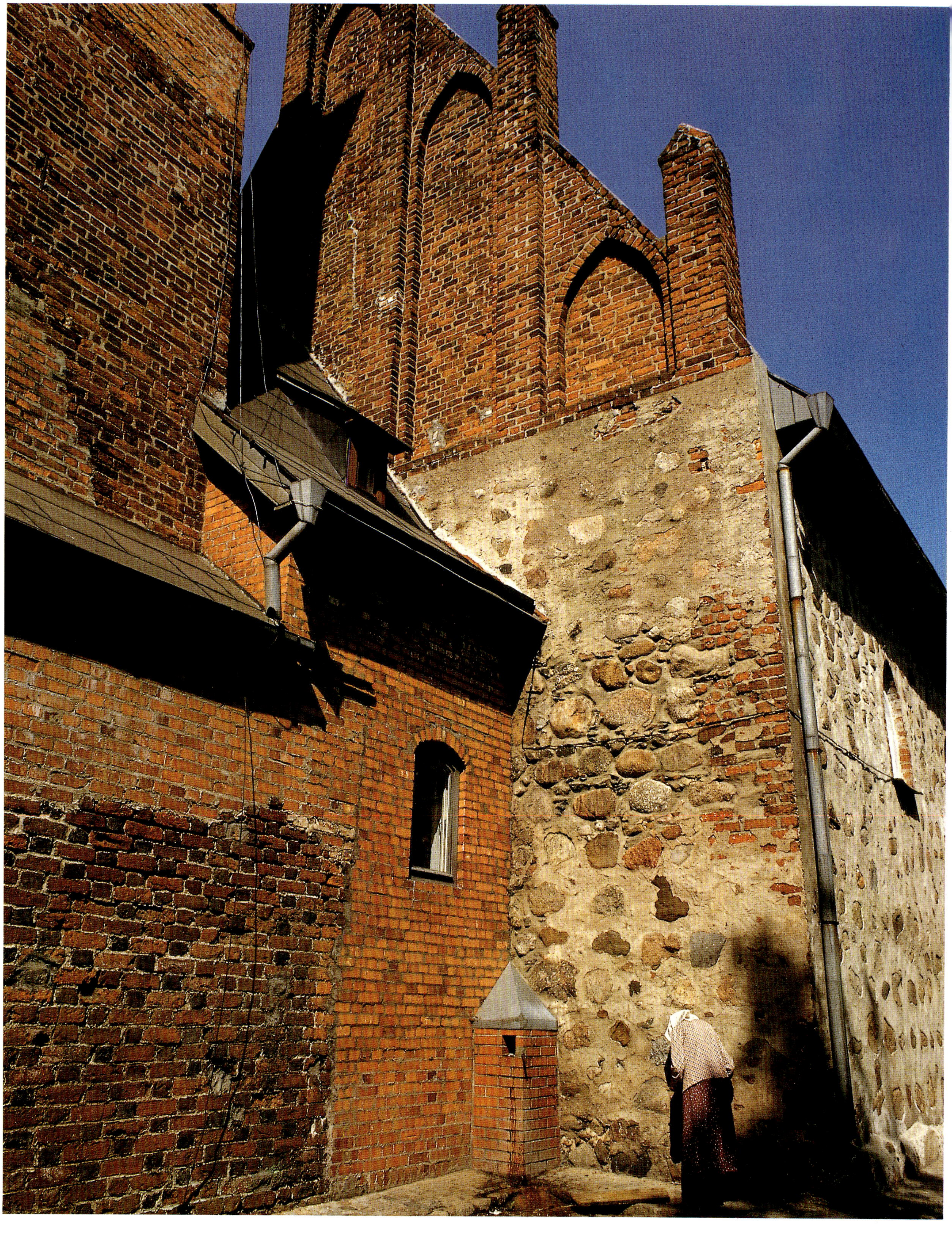

*Das Denkmal des Dichters Friedrich Schiller (1759–1805) befindet sich gegenüber dem Theater.
Links: Die Judittenkirche ist eine der ältesten Kirchen Ostpreußens.*

DIE GESCHICHTE KÖNIGSBERGS IM ÜBERBLICK

um 1500 v. Chr. Nachgewiesen ist um diese Zeit eine Siedlung von Fischern und Jägern.

997/1009 n. Chr. *Adalbert von Prag* und *Bruno von Querfurth* erleiden bei den ersten großen Missionierungsversuchen im Prussenland den Märtyrertod.

1231 n. Chr. Der Deutsche Ritterorden beginnt auf Bitten des polnischen Herzogs *Konrad von Masowien* und im Auftrag von Kaiser und Papst mit der Christianisierung der heidnischen Prussen.

1242/43 n. Chr. Erster Prussenaufstand gegen den Deutschen Orden.

1255 n. Chr. errichtet der Deutsche Orden nach der Eroberung des Samlandes eine Burg aus Erde und Holz, zwei Jahre später aus Stein, die zu Ehren des Königs *Ottokar II. von Böhmen* »Königsberg« genannt wird.

September 1260 n. Chr. Zweiter Prussenaufstand

Februar 1261 n. Chr. Die Prussen erobern und belagern Burg und Siedlung Königsberg. Die Steindammsiedlung war noch ungenügend gesichert und wurde von den Prussen zerstört. Die Burg hingegen war schon so weit ausgebaut, daß sie der Belagerung standhielt. Der Versuch, den Pregel unterhalb der Burg zu sperren, blieb erfolglos. Der Wasserweg blieb offen, so daß die Bewohner nicht ausgehungert werden konnten.

1265 n. Chr. Die Prussen ziehen ohne erkennbaren Grund wieder ab.

1270 n. Chr. Nach dem Ende des Aufstandes wird mit dem Bau der Stadt begonnen. Sie wird auf dem Uferstreifen zwischen dem Burgberg und dem Pregel angelegt, einem verkehrsmäßig und militärisch günstigen Raum, der für die Bebauung allerdings äußerst ungünstig war.

28. Februar 1286 n. Chr. Die Gründung der Königsberger Altstadt wird durch die Übergabe der Gründungsurkunde, die »Handfeste«, besiegelt.

1300 n. Chr. Königsberg wird zum Landmeistersitz des Deutschen Ordens in Preußen erhoben. Löbenicht wird als weitere Königsberger Stadt gegründet.

1327 n. Chr. Gründung des Kneiphofs

1330-1380 n. Chr. Erbauung des Doms

1410 n. Chr. Niederlage des Deutschen Ordens gegen das vereinigte polnisch-litauische Großreich bei Tannenberg.

1411 n. Chr. Erster Thorner Friede

1440 n. Chr. Die Städte lehnen sich gegen die Ordensherrschaft auf.

Oberpostdirektion.
Seite 74/75: Blick über den Schloßteich auf die Stadt. Hinter den Bäumen versteckt liegt die Stadthalle (rechts).

1455 n. Chr. Der vom Orden abgefallene Kneiphof wird belagert. Königsberg bleibt weiter unter der Ordensherrschaft.

1457 n. Chr. Die Burg Königsberg wird infolge des Verlustes der Marienburg zum Hochmeistersitz erklärt.

1466 n. Chr. Zweiter Thorner Friede. Der Hochmeister wird zur Anerkennung der polnischen Lehnshoheit genötigt. Der Königsberger Handel wird zwar begünstigt, dennoch kann Danzig seine wirtschaftliche Vormachtstellung bis in das 18. Jh. behaupten. Wichtigstes Handelsprodukt ist der Bernstein. Ein Teil des Bernsteins wurde auf dem Landweg nach Lemberg gebracht, von wo aus das zu einem Schmuckstein verarbeitete Harz in den Orient verkauft wurde. Der größte Teil jedoch wurde auf dem Seeweg nach Lübeck und Brügge transportiert. Weitere Handelsprodukte waren Getreide, Holz, Salz, Tuch und Fische.

1478/79 n. Chr. Pfaffenkrieg

1520 n. Chr. Reiterkrieg

1525 n. Chr. Friede zu Krakau. *Albrecht von Brandenburg-Ansbach* avanciert vom letzten Hochmeister zum ersten Herzog Preußens.

1544 n. Ch. Gründung der nach *Albrecht I.* benannten Universität »Albertina«.

1552 n. Chr. Ansiedelung litauischer Bauern

1618/19 n. Chr. Der brandenburgische Kurfürst *Friedrich Wilhelm* tritt das Erbe der Preußenherzöge an.

1626-1629 n. Chr. Erster Schwedisch-Polnischer Krieg. Die mittelalterlichen Wallanlagen werden durch die große Wallanlage ersetzt.

17. Januar 1656 n. Chr. Königsberger Vertrag: *Friedrich Wilhelm* bewahrt die Stadt vor der Belagerung, muß dafür aber die schwedische Lehnshoheit anerkennen.

1656-1659 n. Chr. Zweiter Schwedisch-Polnischer Krieg

1657 n. Chr. Vertrag von Wehlau. *Friedrich Wilhelm* kann durch geschicktes Taktieren in den Streitigkeiten zwischen Polen und Schweden die polnische Lehnshoheit abstreifen.

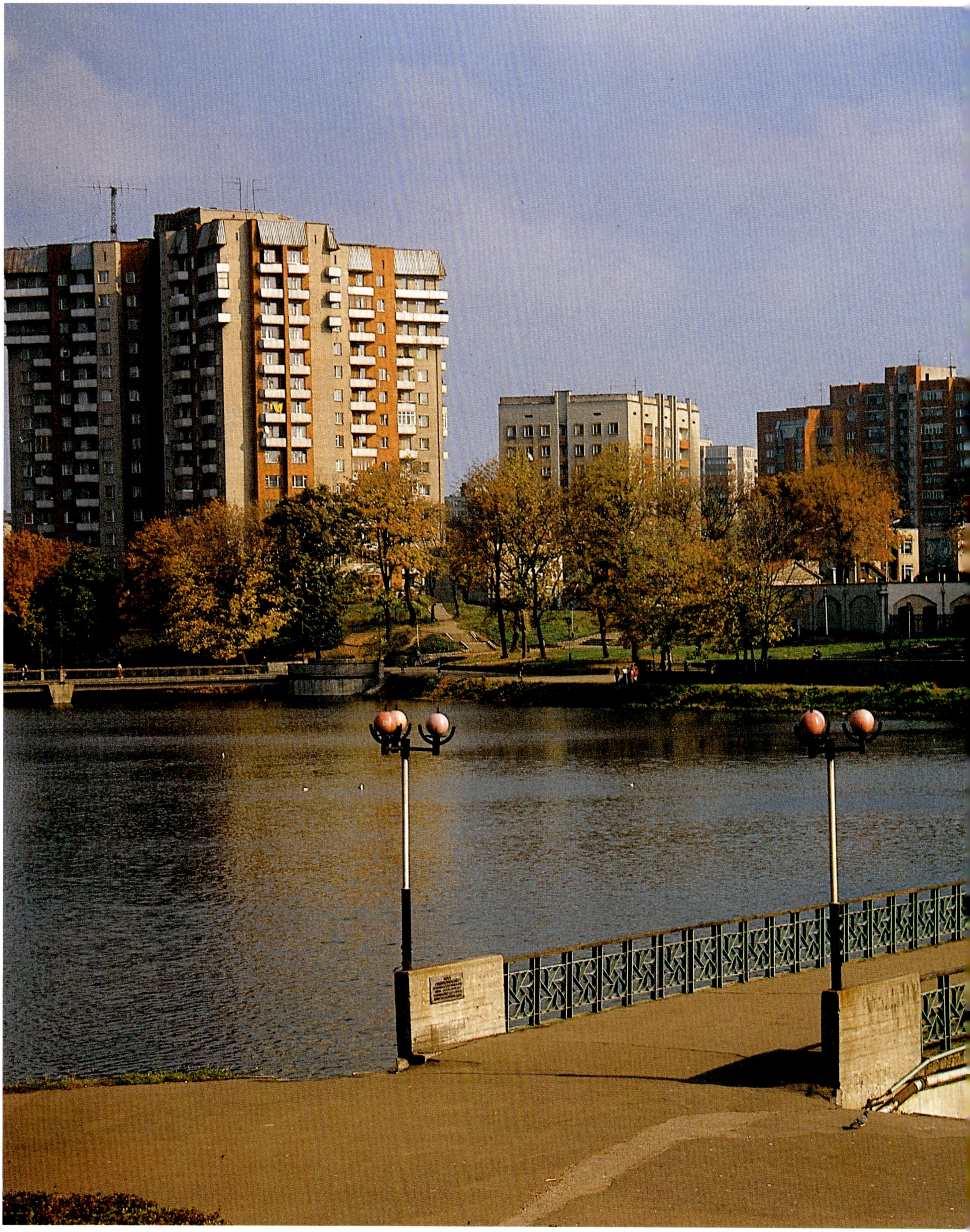

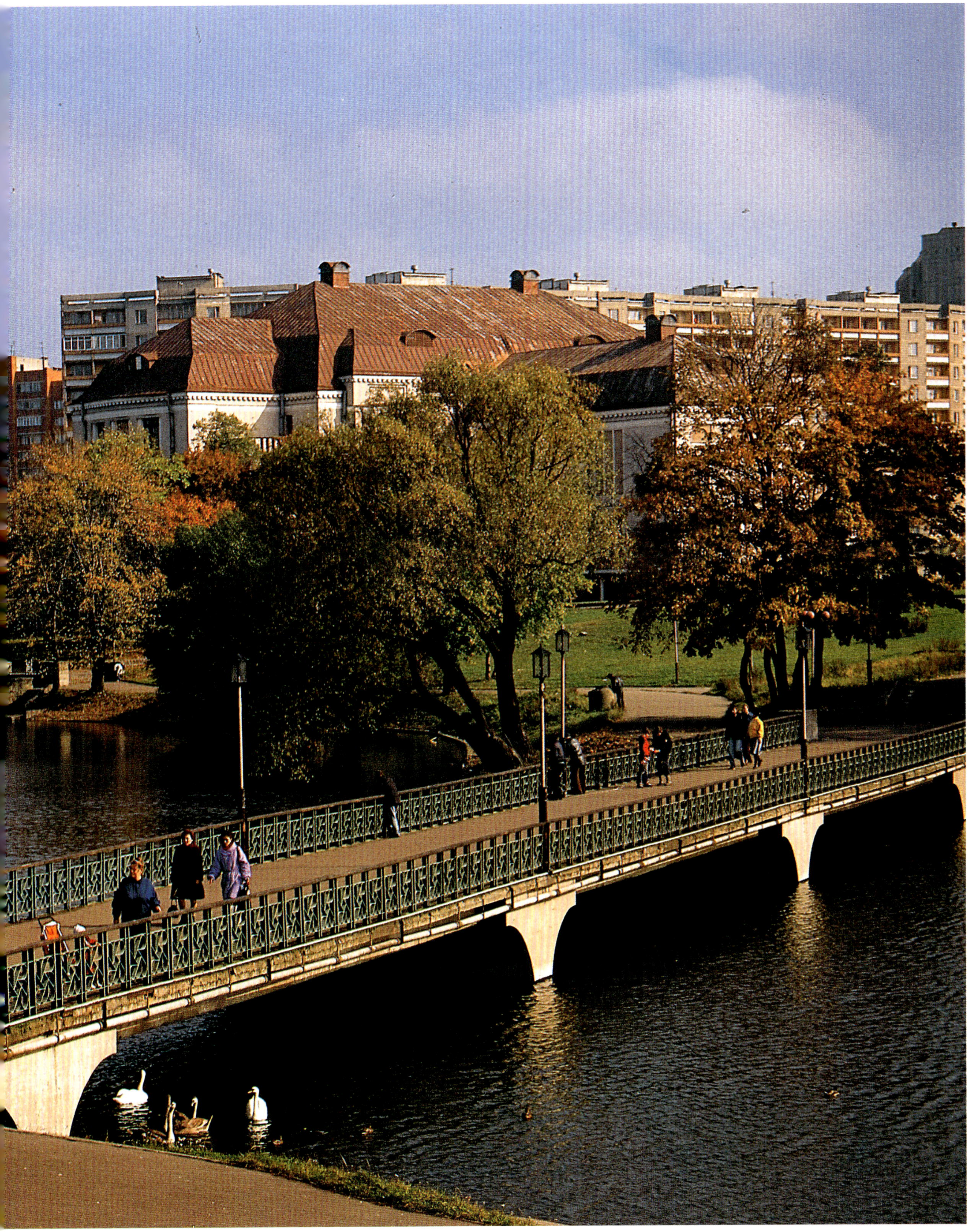

1660 n. Chr. Friede von Oliva: Internationale Anerkennung der preußischen Souveränität.

18. Oktober 1663 n. Chr. Der *Große Kurfürst* hält Einzug in Königsberg. Eine neue Geschichte Preußens und damit auch Königsbergs beginnt: die Stadt wird enger mit Brandenburg verbunden.

November 1678 n. Chr. Schweden fällt erneut in Königsberg ein.

Winter 1679 n. Chr. Blitzkrieg des *Großen Kurfürsten* mit Schweden. *Friedrich Wilhelm* gelingt es, die Schweden über das Kurische Haff aus Preußen zu verjagen.

18. Januar 1701 n. Chr. Kurfürst Friedrich I., in Königsberg geboren, will die Krone weder einer weltlichen noch einer kirchlichen Macht verdanken. Daher wählt er Königsberg als Krönungsort und setzt sich selbst die Krone auf. Die Krönung findet nicht in der Kirche, sondern im Audienzsaal des Schlosses statt. Der 18. Januar leitet eine neue Epoche in der Königsberger Stadtgeschichte ein und bleibt für die Königsberger der volkstümlichste weltliche Feiertag.

1700-1721 n. Chr. Großer Nordischer Krieg

1709-1710 n. Chr. In Ostpreußen wütet die Pest. In Königsberg sterben fast 10 000 Menschen, ein Viertel der gesamten Einwohnerschaft.

28. August 1724 n. Chr. Zusammenschluß der drei bis dato unabhängigen Königsberger Städte unter *Friedrich Wilhelm I.*

1755 n. Chr. 500-Jahr-Feier der Stadt

Eine Lumpen-Sortier-Anstalt in einem Königsberger Speicher.
Seite 78/79: Hafen.

1758-1762 n. Chr. Besetzung Königsbergs durch die Russen im Rahmen des Siebenjährigen Krieges. Die Zarin *Elisabeth* betrachtet Königsberg aber nicht als eroberte Stadt, sondern als Teil ihres Reiches. Diesem Umstand verdankt die Stadt, daß sie weder geplündert noch Menschen deportiert wurden.

1807 n. Chr. Französische Okkupation. Die Belagerung dauert zwar nur 39 Tage, doch vertritt *Napoleon* den Standpunkt, daß in jedem Krieg der Besiegte die Kosten des Krieges zu tragen habe. Königsberg muß alle Vorräte an Munition und Bernstein abgeben, die Gelder der öffentlichen Kassen sowie große Mengen an Lebensmitteln und sonstigen lebensnotwendigen Dingen. Die Kriegskontribution von 12 Millionen Francs, die *Napoleon* der Stadt auferlegt, wird erst 93 Jahre später, am 1. Januar 1901, mit dem letzten Schuldschein eingelöst.

19. November 1808 n. Chr.   Städteordnung

1843-1861 n. Chr.   Bau eines neuen Festungsrings, nachdem die alten Wälle verfallen waren.

1848 n. Chr.   Revolution. Aufnahme Ostpreußens in den Deutschen Bund.

18. Oktober 1861 n. Chr.   Königskrönung Wilhelm I.

1864 n. Chr.   Mit mehr als 100 000 Einwohnern wird Königsberg zur Großstadt.

1914-1918 n. Chr.   Erster Weltkrieg

1914 n. Chr.   Die Russen kommen bis in die Nähe der Stadt, werden aber bei Tannenberg besiegt.

1915 n. Chr.   Erfolgreiche Winterschlacht gegen die Russen bei den Masurischen Seen.

1918 n. Chr.   Novemberrevolution

1919 n. Chr.   Frieden von Versailles. Königsberg wird vom Rest des Reiches abgetrennt. Diese Isolierung hat den Ausbau eines Hochseehafens zur Folge.

1939-1945 n. Chr.   Zweiter Weltkrieg

1944 n. Chr.   Die bis dahin vom 2. Weltkrieg verschonte Stadt wird durch zwei britische Luftangriffe erheblich zerstört. Die Innenstadt sowie die nördlichen Außenbezirke werden vollkommen vernichtet: Schloß, Dom, alte und neue Universität, altes Rathaus und fast alle Kirchen.

1945 n. Chr.   Belagerung der Stadt durch die Sowjetarmee.

9. April 1945 n. Chr.   Kapitulation und Übergabe der Festung an die Sowjetunion. Die sowjetischen Truppen wüten in der Stadt, sie rauben, plündern, mißhandeln und morden. Als Folge des Potsdamer Abkommens wird Ostpreußen geteilt, der Nordteil fällt an die damalige Sowjetunion, das Memelgebiet an Litauen und das südliche Ostpreußen an Polen.

4. Juli 1946 n. Chr.   Königsberg heißt von diesem Tage an »Kaliningrad«.

1951 n. Chr.   Duisburg übernimmt die Patenschaft für Kaliningrad.

1955 n. Chr.   700-Jahr-Feier der Stadt Kaliningrad in Duisburg.

1991 n. Chr.   Abschluß der deutsch-polnischen Friedensverträge, in denen die Oder-Neiße-Linie als Grenze zwischen Polen und dem 1990 wiedervereinigten Deutschland offiziell anerkannt wird.

1992 n. Chr.   Die Sowjetunion zerfällt nach einem Putschversuch gegen den sowjetischen Staatschef *Michail Gorbatschow* in mehr oder wenige unabhängige Staaten. Das nördliche Ostpreußen, und damit auch Kaliningrad, gehört nunmehr zur Russischen Republik. Nach der Ost-West-Entspannung wird das militärische Sperrgebiet um Kaliningrad aufgehoben. Man denkt über eine Rückbenennung der Stadt in Königsberg nach, in Anlehnung an die Umbenennung Leningrads in St. Petersburg.

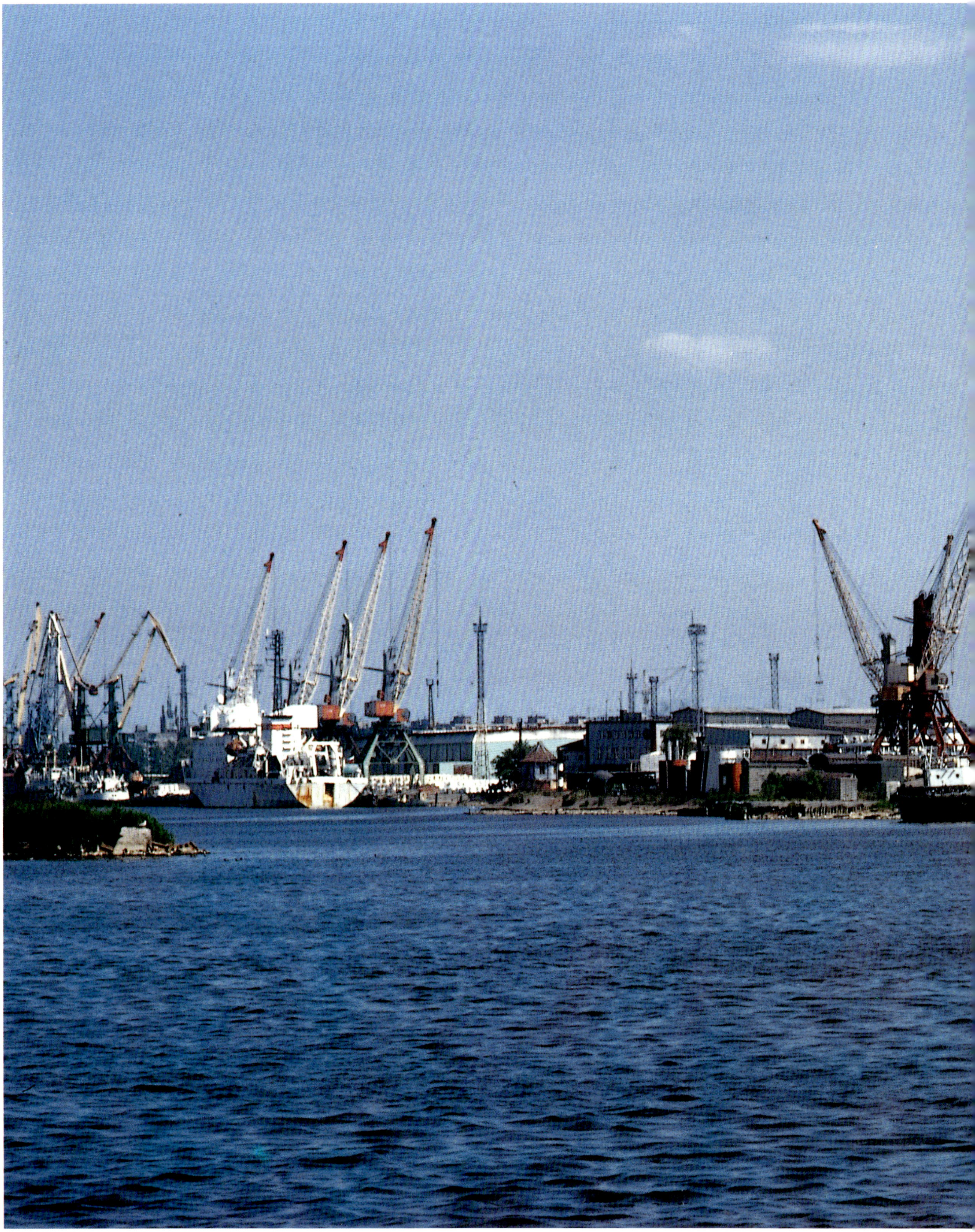

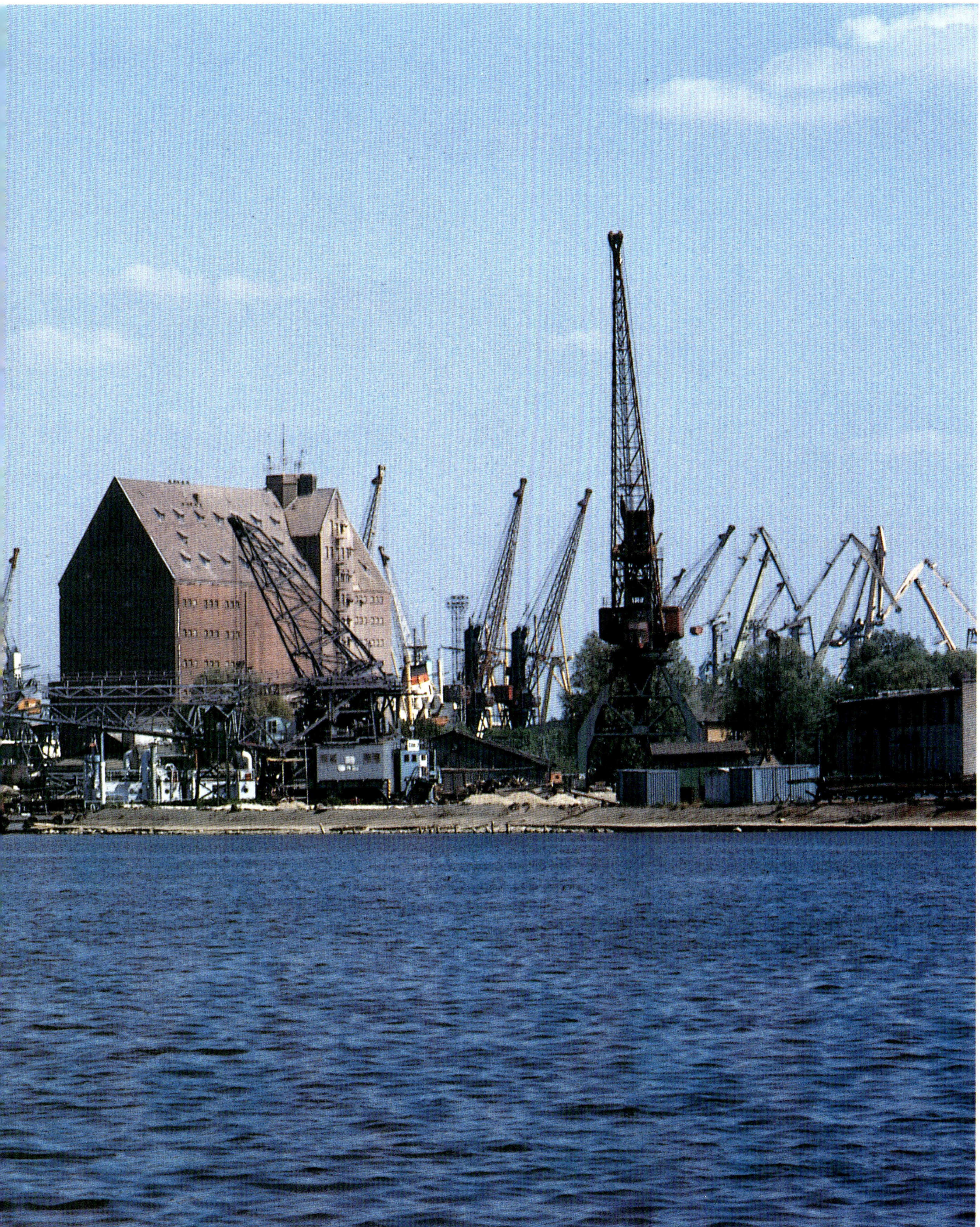

LITERATURHINWEISE

Bilder und Zeugnisse zur Geschichte des Deutsch-Ordens, Residenz- und Provinzhauptstadt. München 1986. [Begleitschrift zu den Ausstellungen: Bilder, Dokumente, Handschriften und Zeugnisse zur Stadtgeschichte Königsbergs].

Boockmann, H.: *Ost- und Westpreußen. Reihe: Deutsche Geschichte im Osten Europas.* Berlin 1992

Freyer, R./Hermanowski, G.: *Reise durch Ostpreußen.* Würzburg 1993.

Franz, W.: *Geschichte der Stadt Königsberg.* Reprint Frankfurt am Main 1979.

Gause, F.: *Die Geschichte der Stadt Königsberg in Preußen.* 3 Bde. Köln/Graz 1965 ff.

Gause, F.: *Königsberg in Preußen. Geschichte einer europäischen Stadt.* Leer 1987.

Glinski, G.v./Wörster, P.: *Königsberg. Die ostpreußische Hauptstadt in Geschichte und Gegenwart.* Berlin/Bonn 1990.

Hermanowski, G.: *Ostpreußen-Wegweiser.* Würzburg 1989^2.

Hermanowski, G.: *Ostpreußen-Lexikon.* Würzburg 1992^4.

Lange, H./Normann, A.v.: *Auf der Suche nach dem alten Königsberg.* Würzburg 1992.

Naujok, R./Hermanowski, G.: *Ostpreußen: Westpreußen, Danzig, Memel; unvergessene Heimat.* Würzburg 1992^2.

Syskowski, H.M.F.: *Reiseführer Ostpreußen: Königsberg und das Königsberger Gebiet.* Würzburg 1994.

QUELLENVERZEICHNIS

Die Beiträge der *Historischen Streifzüge durch Königsberg* in der Reihenfolge ihres Erscheinens im Text:

Wanderungen an der Ostsee: Königsberg von Wilhelm Cornelius aus: Theodor von Kobbe/Wilhelm Cornelius: *Wanderungen an der Nord- und Ostsee.* Reprint Frankfurt am Main 1982.

Sieben Hügel, sieben Brücken und die Linie Sieben von Martin A. Borrmann aus: Ruth Maria Wagner/Otto Dikreiter (Hrsg.): *Ostpreußisches Panorama: Eine Reise nach Hause.* Frankfurt am Main 1983.